品质课程聚焦丛书

王雪梅　杨四耕　主编

确定
学校课程哲学

孙　波◎主编

全国教育科学"十三五"规划课题

"区域推进中小学品质课程建设的实践研究"

（课题编号 FHB180571）之研究成果

华东师范大学出版社

·上海·

图书在版编目（CIP）数据

确定学校课程哲学 / 孙波主编. —上海：华东师
范大学出版社，2022
（品质课程聚焦丛书）
ISBN 978-7-5760-2594-1

Ⅰ.①确… Ⅱ.①孙… Ⅲ.①课程–教育哲学–研究
Ⅳ.①G423

中国版本图书馆CIP数据核字（2020）第035632号

品质课程聚焦丛书

确定学校课程哲学

丛书编辑　王雪梅　杨四耕
主　　编　孙　波
责任编辑　刘　佳
项目编辑　林青荻
特约审读　王磊华
责任校对　郭　琳　时东明
装帧设计　卢晓红

出版发行　**华东师范大学出版社**
社　　址　上海市中山北路3663号　邮编 200062
网　　址　www.ecnupress.com.cn
电　　话　021-60821666　行政传真 021-62572105
客服电话　021-62865537　门市（邮购）电话 021-62869887
地　　址　上海市中山北路3663号华东师范大学校内先锋路口
网　　店　http://hdsdcbs.tmall.com

印 刷 者　杭州日报报业集团盛元印务有限公司
开　　本　787×1092　16开
印　　张　14
字　　数　120千字
版　　次　2022年6月第1版
印　　次　2022年6月第1次
书　　号　ISBN 978-7-5760-2594-1
定　　价　44.00元

出 版 人　王　焰

（如发现本版图书有印订质量问题，请寄回本社客服中心调换或电话021-62865537联系）

丛书总序

自2015年以来，我们在合肥市蜀山区推进"品质课程"项目，致力于学校课程文化变革，改变区域课程改革生态。这些年，我们深刻地感受到，课程是一种文化存在，文化是课程的存在方式和存在本身。

怀特海指出，过程是世界万物固有的本性。[①]在他看来，"事件"和"事物"不同：事件是唯一的，是不可重复的；而事物则是自然之物，是永恒的。[②]据此，我们认为，课程文化不仅仅是事物的集合，更是事件的生成。我们可将课程文化理解为事件之展开而非仅仅是事物之集合，由此所展现的将是课程文化要素、课程文化形态、课程文化主体共同构成的一幅立体兼容的文化图景。

从"事物"角度看，课程文化是课程形态和课程实践蕴含的价值、信仰、规范以及语言等文化要素的合生体，这些文化要素构成了课程文化的基质。因此，课程文化是一种信仰、一种语言、一种规范、一种眼光、一种思维方式、一种处理问题的方式，它们具体表现为课程精神文化、行为文化、制度文化以及物质文化。课程文化要素的相互摄入以及微观生成，构成学校课程文化变革的内在过程。在怀特海看来，把具体要素据为己有的每一过程叫作摄入。[③]"摄入"理论从微观层面说明了现实存在自我生成的内在机制。

课程精神文化、行为文化、制度文化以及物质文化诸要素相互摄入进而存在于另一存在之中，成为相互依存的合生体。在这个合生体中，课程精神文化是最核心的、最深层的、根部性的文化要素，是课程物质文化、制度文化与行为文化的价值凝练和理念引领。课程制度文化是具有中介性质的文化，它联结课程物质文化和行为文化，既是课程物质文化的制度保证，又是课程

① 怀特海.过程与实在：宇宙论研究（修订版）[M].杨富斌，译.北京：中国人民大学出版社，2013.
② 陈奎德.怀特海哲学演化概论 [M].上海：上海人民出版社，1998.
③ 杨富斌，等.怀特海过程哲学研究 [M].北京：中国人民大学出版社，2018.

行为文化的规约机制。课程行为文化是课程文化的表现，既受课程精神文化的直接影响，又受课程制度文化的现实规范。课程物质文化处在表层，是课程精神文化、课程行为文化和制度文化的空间和载体。如此，课程文化诸要素相互摄入、相互作用，共同构成课程文化的深层结构。

课程文化变革过程包含"物质性摄入"与"概念性摄入"，[①]这两种摄入是多维关联的重构过程，其中微观生成是生动活泼而丰富多彩的。一般地说，学校课程文化诸要素之间的相互摄入，其中课程精神文化居于核心地位，它体现于其他各要素之中。课程文化变革可以从课程文化的部分要素开始，以点带面，但要实现课程文化彻底转向，或要真正提升学校课程品质，就必须整体协调课程文化之各要素，就要以"文化的眼光"或"思维方式"进行这种摄入行动的思考和判断。

以上是课程文化的"事物观"及其变革机理。在这里，我想再说一个观点，那就是：课程文化不是简单的要素组合，而是一个展开的事件。正如巴迪欧在《存在与事件》一书中所言：真理只有通过与支撑它的秩序决裂才得以建构，它绝非那个秩序的结果；我把这种开启真理的决裂称为"事件"；真正的哲学不是始于结构的事实（文化的、语言的、制度的等），而是仅始于发生的事件，始于仍然处于完全不可预料的突现的形式中的事件。[②]从"事件"角度看，课程文化是一个不可能重复出现的生成过程，处于不断运动变化之中。作为"事件"的课程文化之真理即是在完整的课程实践中成就人、发展人和完善人。

课程文化是学校里公开的或隐蔽的信念、行为、习惯和价值观等要素相互"包含""进入""创造""构成"的"合生"事件，它融合了课程的物质和精神两个层面的意涵，它不仅包含课程意识、课程理念、课程价值等内隐的精神文化形态，而且包含学校课程实践过程中所创造的课程物质、课程制度以及课程行为等外显的文化形态，是诸要素相互参与和多维互动的创造过程，是"事件"的生成与发生过程——因为"文化的每一个方面都是一个能够改

---

① 怀特海认为，对现实存在的摄入——其材料包含着现实存在的摄入——叫作"物质性摄入"；对永恒客体的摄入叫作"概念性摄入"。参阅：杨富斌，等.怀特海过程哲学研究［M］.北京：中国人民大学出版社，2018.

② Alain Badiou. Being and Event［M］. London: Continuum International Publishing Group, 2006.

变文化的创造源，都是非常主动的创造性力量"①。

一种文化首先意味着一种眼光，眼光不同，对所有事情的理解就不同。②
课程文化是我们做事的眼光、处事方式或思维习惯，是生长着的"事件"，是
我们理解课程实践、推进课程变革的眼光。当然，课程文化虽然是一个"事
件"，但在本体论意义上，课程文化仍然是一种不易感知的实在。人类学家指
出，人们一般意识不到他们身边的文化，因为此类文化表现为平常的生活，
表现为看上去正常和自然的东西。文化以无意识的状态或者说未被检查的状
态悄悄地让我们做出选择、进入生活。③

但是，这并不妨碍我们认识课程文化，我们仍然可以用智慧感知课程文
化的存在，我们仍然可以用眼睛捕捉课程物质文化、制度文化、行为文化和
精神文化。课程物质文化是以物质形态存在的设施和空间，这是课程文化赖
以存在的物质基础与场域条件；课程制度文化是学校制定的规约课程实践的
活动程序和价值规范，是学校课程变革过程中形成的价值体系和活动规则；
课程行为文化是行为主体在长期的课程实践过程中形成的处理课程事务的一
以贯之的行为方式，这种行为方式具有长期稳定性、潜意识性和无需提醒等
特点；课程精神文化是学校课程文化的核心，是主导学校课程实践的理念和
精神，通常会借助富有哲理的语言加以概括。这些课程文化要素，我们可以
"看见"它们的合生性存在，也可以"分辨"它们的原子性存在。

我们的结论是：课程与文化有着天然的血肉联系，凡是课程变革一定是
文化变革，没有文化内核的课程变革很难取得成功；文化变革需要课程建设
支撑，没有课程支撑的文化变革是不可思议的。怀特海指出，现实存在就是
合生，每一个现实存在都不是只有一种元素的简单的存在，不是原子论意义
上的存在，而是由诸多要素构成的合生或有机体。④在学校课程变革过程中，
课程与文化二者"合生"即生成课程文化。课程与文化的"合生"设计，是
学校课程文化变革的重要方法。

在具体操作上，推进学校课程文化变革有两条道路可供选择。第一条道

---

①② 赵汀阳.赵汀阳自选集［M］.桂林：广西师范大学出版社，2000.

③ 约瑟夫，等.课程文化［M］.余强，译.杭州：浙江教育出版社，2008.

④ 怀特海.过程与实在：宇宙论研究（修订版）［M］.杨富斌，译.北京：中国人民大学出版社，
2013.

路是自上而下的演绎道路，实现从文化概念到课程设计的"合生"。首先确定学校课程哲学，包括学校课程理念、课程愿景、育人目标和课程目标。其次，厘定学校育人目标和课程目标。再次，梳理学校课程框架，设计学校课程内容。复次，活跃学校课程实施，使课程功能最大化。最后，把握学校课程评价和管理。如此，课程文化建设是从文化概念建构开始的，由此展开学校课程整体规划，实现从文化概念到课程设计的"合生"。

第二条道路是自下而上的归纳道路，实现从课程实践到文化逻辑的"合生"。学校课程文化建设实际上也是学校文化决策过程，每一所学校都有自己的文化背景，包括周边的文化资源、历史传统、现实经验，这是学校课程文化变革的客观基础，也是学校课程哲学生长的土壤，"土质"的不同导致学校课程哲学追求的不同。在分析学校课程情境的基础上，对学生的需求进行调查，了解现有课程的实施情况，发现学校课程中存在的问题；根据学校课程情境分析和学生需求调查，形成学校课程哲学，明确学校的育人目标和课程目标；基于课程价值需求分析，建构学校课程框架与体系；布局学校课程实施的多维途径和多种方式，确保课程实施的有序与有效；制定一套课程管理制度，保障课程变革顺利推进；制定一套评估方法，对课程品质进行评估。这是由课程实践到文化逻辑的"合生"过程。

合肥市蜀山区"品质课程"项目实践表明，学校课程文化变革可以是演绎式，也可以是归纳式。演绎式可理解为"概念先行——实践验证"方式；归纳式可理解为"实践探索——归纳提升"方式。课程是具有情境性和价值负载的文本，学校课程文化变革宜采取"理论、研究与实践互动"的方式。这种方式不完全依赖于概念或理论，也不脱离学校实际情境。在学校课程实践中，以学校课程情境为基础，以课程的实际问题为切入点，以理论为指导，以概念为圆心，边研究边行动，在实践中总结提炼，又在实践中加以验证与改造，在理论与实践的互动互补、碰撞对话中生成学校独有的课程文化框架。

马克思说："全部社会生活在本质上是实践的。凡是把理论引向神秘主义的神秘东西，都能在人的实践中以及对这种实践的理解中得到合理的解决。"①

---

① 马克思恩格斯选集（第1卷）[M].中央编译局，译.北京：人民出版社，1995.

合肥市蜀山区"品质课程"项目探索告诉我们：实践是课程文化价值实现的根本途径，是推进学校课程文化变革的关键力量。学校课程文化变革必须为行动提供充分的理据，从而使得行动趋于合理化，增强学校文化变革的认同感和一致性。在某种意义上，这也是一种文化自觉。

杨四耕

2021年2月5日于上海市教育科学研究院

目录

教育与哲学密切相关。教育伴随着哲学的发展而不断进步，这是历史的常态。东西方已有的教育哲学折射出了不同的课程观，这些课程观对学校课程建设有着深远的影响，给学校课程变革提供了许多启迪。从已有哲学中汲取营养，将先贤的哲学思想做情境化的移用和课程化的具象，是确定学校课程哲学的一种方法。

教育是有使命的，课程为其物质载体，被赋予特殊使命。学校课程哲学是学校对自身使命的价值判断。提炼学校课程哲学本质上就是要思考学校课程使命等一系列的价值论问题，深刻理解学校课程的价值取向和内在意义。因此，全面审视学校课程价值、深刻理解学校课程使命，是确定学校课程哲学的一种思路。

第三章　　从学校历史文化中发掘　　—— 53

哲学总是"历史的哲学"，历史是"哲学的历史"。提炼学校课程哲学，必须冷静而理性地审视学校历史与传统，了解学校文化。只有当我们透过历史看哲学，看懂历史中内蕴的哲学，只有当我们对学校历史和传统有清晰的认知，对未来走向有足够的预见和把握，学校课程发展才会有明确的方向，我们才能提炼出符合学校实际的课程哲学。

第四章　　从时代精神中提炼　　—— 81

马克思曾说过，"任何真正的哲学都是自己时代精神的精华"，"是自己的时代、自己的人民的产物，人民最精致、最珍贵和看不见的精髓都集中在哲学思想里"。教育是面向未来的事业，必须贯注时代精神。新时代焕发的积极精神令我们欢呼，课程哲学的探寻要以时代精神为大背景，将改革创新、和谐发展等积极的精神渗透到课程建设中，顺应时代潮流。

第五章　　赋予校名以丰富内涵 ── 121

很多学校的校名在创建之时并无特殊意义。学校可以通过后期校训、校风、学风、课程开发等方面的赋意丰富校名的文化内涵，使其成为一所学校的名牌。课程建设使得校名在发挥重要标志作用的同时散发出浓郁的哲学魅力。学校可以强化以校名为基础的教育品牌意识，从校名中提炼教育哲学及基于教育哲学的课程理念。

第六章　　在集团校内共享理念 ── 155

以名牌校为领衔的集团校的创建可以发挥集团的整体

优势，是新时代教育需求下的产物。以名校带动普通校，实现优质教育资源的平民化；以名校带动名校，实现优质教育资源最大化。名校业已成熟的办学理念与课程哲学的共享实现了"手拉手做智慧的事业"的共同愿景。

第七章　　由学校核心人物确定　　　　　— **179**

校长是学校的核心人物，其具备的管理理念、办学思想、办学目标和治校策略等都影响着学校发展。校长的课程领导力是校长创造性地决策、引领、组织课程实施的驾驭力和执行力，是学校发展的软实力。学校课程哲学可以由校长根据学校实际确定，这是校长卓越课程领导力"自然流淌"出的真知灼见。

后　记　　　　　— **199**

 **前言** ## 学校应该有自己的课程哲学

学校课程哲学是一所学校的课程价值观，是学校对课程及其发展定位的一种深度理解。[①]学校构建的课程模式要有自己的性格色彩与精神属性，就需要哲学的研究课程。学校将自身的价值追求烙印在课程当中，内中蕴含的课程哲学反映了全体师生广泛认可的价值追求。

哲学注入课程使之进入自觉的反省状态，为我国课程注入了新的思想活力。目前，研究课程哲学主要从学校教育哲学（philosophy of education）和课程理念两个方面系统展开，具有相对稳定的内容体系。

学校教育哲学这一学术概念是从西方国家引进的，当时的教育学者最早根据各自的哲学思想对此进行了较为系统的研究，形成了多种教育哲学流派，并在时代发展过程中有兴有衰。20世纪20年代之后，国内学者开始研究和讲授教育哲学，一些从事课程改革研究的学者更倾向于寻找本校的教育哲学。有学者认为："学校教育哲学强调通过学校共同体的观念变革推进学校的改革与发展，强调在发挥学校共同体集体智慧的基础上开展顶层设计，提炼学校的办学理念、发展定位和育人目标，形成学校共同体的教育信仰。"[②]根据这一观点，学校教育哲学就是指导解决学校教育实践过程中各类问题的价值观和方法论，是学校秉持着的稳定的价值取向，是学校内涵发展的一套理念系统。

学校课程哲学是一所学校课程建设的灵魂与指针，是学校课程发展的目标与方向，是学校课程实践的行动指南，它引领着全校师生朝既定的课程目标努力，为学校的课程规划实践提供了渗透性的指引和内在的强大动力。随着我国课程改革的逐步深入开展，广大教师必须冲出传统教学的围城，用科

---

① 杨四耕.学校课程变革的逻辑与深度［J］.上海教育，2016（9）：27-28.
② 陈建华.论学校教育哲学及其提炼策略［J］.教育研究，2015（10）：59-65.

学性、先进性的课程理念不断探索出能够张扬学生生命活性与灵动感的课程发展规划，让学校教育柔软而不失坚韧，有丰富的颜色但不失鲜明的特色。学校课程哲学是学校教育哲学的具体化和逻辑演绎，对学校育人目标的厘定具有价值引领作用，确定学校课程哲学必定会关涉学校教育哲学。就学校课程哲学的特征而言，学校课程哲学具有内隐性、稳定性与常新性等多重属性。

1. 课程哲学的内隐性。学校存在既有的课程哲学往往隐含于学校日常的课程活动中，只可意会不可言传，被教师无意识地运用，潜在地影响师生的行为。它就像天空中的隐形气流或者海洋深处的暗流一样波涛涌动，无处不在，指引着学校的课程计划和大纲的制定，渗透在教师一次次的课堂教学或扩展性课程作业中，通过师生群体们种种教育行为方式与学习方式塑造着学校的课程图示。因此，对学校课程哲学的理解不仅需要找到深厚的认识论根基，更应该直面学校的现实，从学校课程实施效果中发掘，在实践中完善，让课程哲学显性化。

2. 课程哲学的稳定性。课程哲学从某种意义上说是一种以实践为基础的认识论，它根植于实践，服务于实践，在长期实践中得到验证，因此课程哲学一旦确定就不要轻易改动。学校课程哲学不是背得滚瓜烂熟机械重复的教条，需要随着学校课程情境的变化而不断变革，否则可能会产生水土不服的现象，反而阻碍学校的发展。通常情况下课程哲学有它自己的体系，不会出现颠覆性变化，只要学校倾听实践呼声，在新的时代精神观照下不断挖掘学校课程哲学的新内涵和新方向。

3. 课程哲学的常新性。课程哲学提出后并非一劳永逸，它需要不断自我更新和完善。课程（curriculum）一词最初是源于古拉丁语"currere"，即"跑道"（race course），后在教育界又被称为"学习之道"。"跑道"具有固定的长度、宽度和线路，具有相对静止、封闭和纯粹的特性。不同学科的课程犹如操场中按照人们的设想预先设置起始点和路径的跑道，各条线路并行不悖、互不干涉，相对稳定。直到美国杰出的课程理论学家小威廉姆·E.多尔提出"课程不再被视为固定的、先验的'跑道'，而成为达成个人转变的通道"，人们才逐渐意识到课程可以是开放的。课程的这些属性意味着课程的发展性，从而导致课程哲学必将在稳定中求发展，在发展中走向新的平衡状态。

如何提炼学校课程哲学？我们认为，提炼学校课程哲学的过程是从经验思考走向理性思考的过程，是从表层思考走向深刻思考的过程。虽然每所学校的课程哲学具有高度个性化的特征，体现着办学特色，但在提炼的过程中学校需要坚持一些共性的一般特征。

第一，坚持独特性，彰显个性。学校在课程哲学的提炼过程中一定要寻求自己清晰的个性化表达，体现学校课程建设的应有之意。学校要挖掘本校的特色课程和课程特色，塑造一个能够吸引公众注意力的学校独特形象。区别于国家课程与地方课程，学校的特色课程通常是指校本课程，其重心是课程。学校普遍重视校本课程开发，注重学生的个性发展及特长形成，丰富学生的素质结构。课程特色则是指同类课程在课程管理、课程体系、课程实施、课程评价等方面有别于其他同类校的差异性。体现特色发展才能形成"一校一品"的格局，才能提炼出独具一格的课程哲学。

第二，坚持系统性，凸显整合。在哲学理论的思维活动过程中要注重理论的系统性思考，体现理论的层次性、关联性以及和各个学科间的动态平衡。课程哲学要反映学校整体的课程内涵，而不是宣扬单一学科。学校一定要运用系统的角度探讨课程建设，在此基础上建构学校课程哲学。学校在开发课程过程中不仅要关注单个课程"点"的建设，还要有"面"的思考和"质"的提升，将基础课程与拓展性课程统整起来。在课程建设中，我们应该统筹规划，整体建构，全面设计，让相关的课程间相互影响、相互依靠。

第三，坚持前瞻性，体现发展。前瞻性是指学校要有敏锐度、洞察力和预见性，能根据社会发展形势和教育政策的改变，或者剔除其中一些过时的、不符合教学需要的理念与做法，开发一些新的符合学生当下核心素养发展与未来期待的课程空间，或者赋予传统的办学思想以新的内涵。学校课程哲学的提炼一定要处理好继承和创新之间的关系，使批判继承与发展创新有机统一起来。在传统教育方式与现代教育方式激烈角逐的转型时期，教育者要始终保持学习的态度，认真研究教育改革的趋势，系统地考虑学校使命、发展定位和培养目标，总结当代和未来课程的实践经验和认识成果。

每所学校都应该有自己的课程哲学。学校的课程哲学对于我们在学校的课程建设和发展具有一种渗透性的推动和指导意义。它基于学校现实情况的课程情境，反映学校的育人目标与课程目标，引领着课程模式的构建，贯穿于学校课程的实施与评价，是对教育者与被教育者精神上的丰富与升华。课程哲学为学校课程规划的制定提供思想引领，并对学校课程实施成效给予回应，需要不断地自我更新与完善。因此，课程哲学立足于课程，是从现实情境走向原理层面的把握。推进学校课程变革，我们所要做的便是站在哲学的高度与深度把握学校的发展与课程推进的脉搏，并用课程哲学映照课程实践。

（撰稿者：王　莹）

第一章

教育与哲学密切相关。教育伴随着哲学的发展而不断进步，这是历史的常态。东西方已有的教育哲学折射出了不同的课程观，这些课程观对学校课程建设有着深远的影响，给学校课程变革提供了许多启迪。从已有哲学中汲取营养，将先贤的哲学思想做情境化的移用和课程化的具象，是确定学校课程哲学的一种方法。

从已有哲学思想中汲取营养

特定历史文化背景下的哲学思想浩如烟海。在古代，中国有很多思想家都从各自的哲学观、认识论等方面出发，论述当时的教育问题，如孔丘、墨翟、李耳、孟轲、荀况、朱熹等，他们的论述蕴含着哲学思考。春秋战国时期的教育思想百家争鸣，在中国思想发展史上占有重要的地位。自汉代"罢黜百家，独尊儒术"之后，以思孟学派为代表的儒家思想占据主导地位，突出政教统一，天人合一。至近代，蔡元培的教育思想中蕴含了兼容并包，陶行知提出了学习与实践相结合的生活教育理论。中国现代儿童教育之父陈鹤琴的课程观主张"活教育"，到大自然、大社会中去寻找"活教材"。现代的马克思主义全面和谐发展教育理论注重培养身心健康、体脑结合，各种素质全面发展的新人。

在西方，有提倡启发问答的苏格拉底"产婆术"教育，有柏拉图提倡的智体和谐发展的系统教育哲学，有卢梭提出的培养自然天性充分得到发展的"自然人"自然教育思想，还有杜威主张的"教育即生活、教育即社会，从做中学"的实用主义教育本质论等。每个时代教育思想的产生都有其特定的历史背景，是一个层出不穷、川流不息的过程。

这些教育哲学有着不同的课程观和侧重点，或关注学生的未来追求，或关注学生的现实生活，或关注学生现实生活与未来追求之间沟通的道路，但它们的所思、所为及其所推崇的精神都对我国学校的课程建设有着深远的影响，为学校课程从传统走向变革提供启示。

中国传统教育思想和西方教育哲学历经数千年传承已经成为世界文化宝库中的丰厚遗产。我们可以合理吸收中国传统教育哲学和西方教育哲学的资源，结合学校的实际情况，和谐对接，生成自己的课程哲学主心骨。

办学理念"知者乐，行于和"源于《论语·雍也》中的"知者乐水，仁者乐山；知者动，仁者静；知者乐，仁者寿"。持该理念的教育者们致力于发现儿童的闪光点，找到适合他们的教育方法，提供他们需要的课程，将他们培养成某一个方面的人才。

合肥市乐农新村小学教育集团的"乐和课程"对课程的理解表现为：课程是每一个孩子健康成长的乐园，是激发学生情感和潜能的源泉，是体现学校文化价值观的平台，是打造和张扬学生个性的舞台，以此培养"会学习，有智慧；明事理，能包容；拓视野，扬特长；乐探索，善创新"的人。

（撰稿者：王　莹）

文化坐标　合肥市乐农新村小学教育集团
课程哲学　让快乐插上翅膀，让成长轻舞飞扬

　　合肥市乐农新村小学建于1964年。走进校园，"乐和文化"氛围浓厚，绿树红花相辉映，芳草鸟语伴书香。"乐和景观"以孩子的眼光设计，为孩子们打造出集人文性、休闲性于一体的"乐和十景"。乐学楼和乐知楼里，艺术书画、心灵书屋、校园书廊熠熠生辉；乐行楼里，礼乐诗书浸润着金色童年，让孩子们的快乐插上翅膀，让孩子们的成长轻舞飞扬。

　　五十年来，乐农新村小学办学成效显著，硕果累累。乐小人在乐小五十年的文化积淀中，梳理出以"知者乐，行于和"为核心的"乐和"文化体系，形成乐小特色文化内涵。乐农新村小学教育集团不忘初心，牢记使命，在实现"乐和"教育梦想的路上掀开了学校发展历史上崭新的一页。

第一节

每一个孩子都能振翅轻飞

教育飘扬着理想的芬芳，教育演绎着智慧的光芒，教育洋溢着成长的快乐，教育让每一个孩子都能振翅轻飞。

一、教育哲学：乐和教育

乐农新村小学的"乐和教育"继承学校文化传统，承接现代教育理念，"乐而不松，和而不同"，每个人在追求作为智者的快乐中，其个性得到张扬，特长得到发展。

"乐和教育"是快乐的教育，致力于让每个孩子学会学习；

"乐和教育"是明理的教育，致力于让每个孩子学会做人；

"乐和教育"是智慧的教育，致力于让每个孩子学会做事；

"乐和教育"是友好的教育，致力于让每个孩子学会共处；

"乐和教育"是多元的教育，致力于让每个孩子"和而不同"。

基于此，我们将学校的办学理念确定为：乐而不松，和而不同。

基于上述理解，我们秉持如下教育信条：

我们坚信，快乐缘于孩子们的需求得到了满足；

我们坚信，明理缘于孩子们认识到厚德才能载物的道理；

我们坚信，智慧在孩子们探究与解决问题时产生；

我们坚信，友好在孩子们与人相处时传递；

我们坚信，多元使孩子们不同的个性与特长得到发展。

二、课程理念：让快乐插上翅膀，让成长轻舞飞扬

当每一个孩子走进乐和课程时，都能感受到温暖和力量，每一颗稚嫩的心都能插上快乐的翅膀。每一个孩子在乐和课程的天空中都能振翅轻飞，自由翱翔，在快乐中学习、在快乐中体验、在快乐中创造，发挥各自的潜能，向着智者的方向成长。

1. 课程是每一个孩子健康成长的乐园。开发适合孩子身心发展的课程是学生快乐的源泉、幸福的起点。

2. 课程是激发学生情感和潜能的源泉。每一个孩子都有不同的智能发展区，设置多元发展的课程，激发学生参与的热情，让每个孩子都能体验到分享、交流与进步的喜悦。

3. 课程是体现学校文化价值观的平台。学生在自己喜欢的社团活动中培养能力、发展兴趣爱好。学生乐于学习，善于学习，学会与人相处，学会与自然和谐共生，身心健康，体会快乐的成长。教师在课程的开发与实施中更新观念，改变教学方式和评价方式，体会成长的快乐。这也是我们学校"乐和"文化所倡导的价值观。

4. 课程是打造和张扬学生个性的舞台。课程是"活泼的""流动的"。"活泼的""流动的"课程让教室、校园之外学生生活的社区、自然风光区、民俗民风展示区成为使学生的个性得到张扬的场所。

总之，适合自己的才是最好的。最好的鞋不是最贵最漂亮的那双，而是最合脚的那双。同样的，适合学生的课程才是最好的课程，因此，要为每个孩子设计适合的课程，寻找适合的学习方法。

成就快乐成长、和谐发展之儿童

一切课程都是为了实现育人目标。因此，要设计学校育人目标，将其细化为课程目标，在实施课程目标的过程中成就快乐成长、和谐发展之儿童。

一、育人目标

学校努力培养"爱学习，有智慧；明事理，能包容；拓视野，扬特长；乐探索，善创新"的乐和少年，成就快乐成长、和谐发展之儿童。

爱学习，有智慧：养成良好的学习习惯，轻松学习；勤学善思，乐于观察，善于总结提炼。

明事理，能包容：明事理，宽容谦和、通情达理，用包容的心对待别人，做到取人之长、补己之短。

拓视野，扬特长：拓视野即见多识广，心胸开阔，帮助学生拓展视野，发现、强化、发展其特长。

乐探索，善创新：掌握有效的学习方法，有强烈的求知欲望，多疑好问，有发现、探索、创新、掌握新事物的能力。

二、课程目标

学校把"爱学习，有智慧；明事理，能包容；拓视野，扬特长；乐探索，善创新"四个育人目标进行细化，形成低中高的课程目标，具体如下（见表1-1）：

表1-1 合肥市乐农新村小学课程目标表

	低 年 级	中 年 级	高 年 级
爱学习有智慧	激发学习的兴趣；掌握低年级段文化课程标准规定的要求；初步掌握一些学习与生活技能。	形成浓厚的学习兴趣；掌握中年级段文化课程标准规定的要求；能注重联系实际，初步将所学习的知识与技能运用于生活。	保持浓厚的学习兴趣；掌握高年级段文化课程标准规定的要求；能熟练地将所学运用于实践。
明事理能包容	初步认识自我，掌握一些调节情绪和规范行为的方法；懂得基本的道德规范和文明礼貌。	能与他人平等地交流与合作；学会表达自己的感受和见解；具备必要的处事能力；懂得基本的做人道理。	具有规则意识和民主、法制观念；具有积极向上的人生态度和正确的人生观；有强烈的社会责任感和中华民族的归属感、自豪感。
拓视野扬特长	学会观察周围的环境，寻求自己喜爱的事物；积极参加课外活动，培养一定的兴趣爱好。	通过各种媒体，扩大文化视野；积极参加各项社团活动，感受活动的乐趣，发挥自己的特长。	善于学习，掌握多种知识，养成积极思考的习惯；爱好广泛、有特长，学会充分展示自我。
乐探索善创新	能对生活中的日常问题进行思考，掌握收集信息的能力并能尝试去探究问题的答案。	能对自然界现象进行思考，掌握整理信息的能力并能尝试独立去探究问题的答案；能积极表达自己的观点，有与他人不一样的解决问题的方法和策略。	能对人生问题进行思考，掌握运用信息的能力并能多方探究问题的答案；学习积极主动，对问题有自己独特的见解和看法。

第三节

提供适合的学习经历

为了实现上述育人目标，达成课程目标的要求，我们建构了学校课程体系，为每一个孩子提供适合的学习经历。

一、课程逻辑

学校基于"乐和教育"的教育哲学以及学校课程目标，设置了"乐和课程"课程体系，包括"知乐之和""趣乐之和""庆乐之和""聚乐之和"四大类课程。以下是"乐和课程"逻辑示意图（见图1-1）。

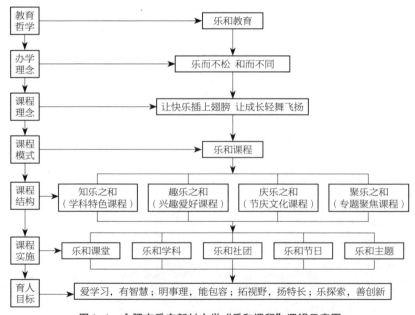

图1-1　合肥市乐农新村小学"乐和课程"逻辑示意图

二、课程结构

每个孩子都有自己的特点，有自己独特的需求，那么不同的人要有不同的课程来实现"让快乐插上翅膀，让成长轻舞飞扬"的目标，因此，"乐和课程"分为四大类，结构如下（见图1-2）。

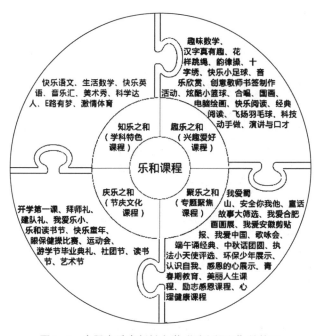

图1-2　合肥市乐农新村小学"乐和课程"结构图

上图中，每一类课程有其具体范围：知乐之和是指学科特色课程，包含学科基础课程和学科拓展课程；趣乐之和是指兴趣爱好课程，包含才艺课程和创意课程；庆乐之和是指节庆文化课程，包含传统节日、校园节日和纪念日课程；聚乐之和是指专题聚焦课程，包含环保、安全、科普、礼仪、感恩、国际、健康、合作、法制、分享等教育课程。

三、课程设置

根据"乐和课程"，学校立足学生需求，结合学校课程资源，对课程的内容体系进行了系统设置（见表1-2）。

表1-2 合肥市乐农新村小学课程设置表

年级	学科特色课程	兴趣爱好课程	节庆文化课程	专题聚焦课程
一年级	快乐语文 生活数学 快乐英语 音乐汇 美术秀 E路有梦 激情体育	趣味数学 汉字真有趣 花样跳绳 韵律操	开学第一课 拜师礼 建队礼 我爱乐小	我爱蜀山 安全你我他 童话故事大筛选
二年级	快乐语文 生活数学 快乐英语 音乐汇 美术秀 E路有梦 激情体育	趣味数学 句子真有趣 韵律操 硬笔书法	乐和读书节 快乐童年	我爱合肥画画展 我爱安徽剪贴报 我爱中国歌咏会 端午诵经典 中秋话团圆 执法小天使评选
三年级	快乐语文 生活数学 快乐英语 音乐汇 美术秀 科学达人 E路有梦 激情体育	玩转数学 片断真精彩 十字绣 快乐小足球 音乐欣赏 创意敬师书签制作活动	眼保健操比赛 运动会 游学节	环保少年展示 认识自我 感恩的心展示
四年级	快乐语文 生活数学 快乐英语 音乐汇 美术秀 科学达人 E路有梦 激情体育	玩转数学 篇章真有味 经典诵读 炫酷小篮球 合唱 国画 电脑绘画	眼保健操比赛 运动会 游学节	认识自我 感恩的心展示
五年级	快乐语文 生活数学 快乐英语 音乐汇 美术秀 科学达人 E路有梦 激情体育	快乐阅读 经典阅读 飞扬羽毛球 科技动手做	眼保健操比赛 运动会 游学节	青春期教育 美丽人生课程

年级	学科特色课程	兴趣爱好课程	节庆文化课程	专题聚焦课程
六年级	快乐语文 生活数学 快乐英语 音乐汇 美术秀 科学达人 E路有梦 激情体育	演讲与口才	毕业典礼 社团节 读书节 艺术节	励志感恩课程 心理健康课程

第四节

让儿童享受快乐成长的过程

　　课程实施就是为孩子创设快乐成长的过程，让教师享受教育幸福的历程，让学校彰显育人特色的进程。合肥市乐农新村小学从"乐和课堂""乐和学科""乐和社团""乐和节日""乐和主题"等方面入手奉行"乐而不松，和而不同"的理念，实践"乐和课程"，让儿童享受快乐成长的过程。

一、构建"乐和课堂"，有效实施学科特色课程

　　"乐和课堂"是践行"乐和课程"的主阵地，"乐和课堂"是和美、多元、开放、生成、灵动、宽容的课堂。

（一）"乐和课堂"的要义与操作

　　"乐和课堂"是和美的课堂，和谐施教，以美育人，美美与共。

　　"乐和课堂"是多元的课堂，因材施教，和而不同，各美其美。

　　"乐和课堂"是开放的课堂，融合吸取，发展长处，启迪心智。

　　"乐和课堂"是生成的课堂，平等对话，深入探讨，解决问题。

　　"乐和课堂"是灵动的课堂，敞开心智，活跃思维，学习创新。

　　"乐和课堂"是宽容的课堂，严教宽待，和谐交流，友好相处。

（二）"乐和课堂"的评价

　　依据"乐和课堂"的内涵要义，为检测和反馈和美、多元、开放、生成、灵动、宽容的课堂的达成效果，特制定乐农新村小学"乐和课堂"评价表（见表1-3）。

表1-3　合肥市乐农新村小学"乐和课堂"评价表

教师角色定位	学生角色定位
教学目标科学、具体、可达成，符合"乐和"教育理念和学生实际。	明确学习任务，明确学什么、怎样学。
教学活动的组织有针对性、启发性，符合学生认知规律；教学方法的运用上有效整合现代信息技术，注重学法指导；教学策略的创新上，注重学生自主获取知识的方法。	积极表达自己的想法；有适当的紧张感和愉悦感，注意力集中；交流合作有思考、有分工；提出问题、分析问题、解决问题有思路。
及时检测与评价学习成效。	完成了学习任务，有积极、愉快的学习体验。

每学期由分管教学的校长室带领教导处统一组织成立测评小组，学科领导、名师担任评审委员，对课堂进行公平、公开的评选。

二、建设"乐和学科"，丰富学科课程体系

"乐和学科"包含快乐语文、生活数学、快乐英语、音乐汇、美术秀、科学达人、E路有梦、激情体育，通过拓展基础学科课程和不同年级的学科项目推进，极大地丰富了学科课程体系。

（一）"乐和学科"的要义与操作

"乐和学科"鼓励学生在全面发展的基础上，找到自己的兴趣爱好，建立自己的发展方向。为此，我校制定了"乐和学科"的项目推进表，助力校园特色课程建设（见表1-4）。

表1-4　合肥市乐农新村小学"乐和学科"项目推进表

年级	快乐语文	生活数学	快乐英语	音乐汇	美术秀	科学达人	E路有梦	激情体育
一年级	认认真真写字	自制口算卡片、说说数学小故事、小小推销员	英语儿歌	音乐达人	撕纸画		硬件小专家、小小故事会	韵律操、轮滑
二年级	绘本故事	自制口算卡片、说说数学小故事、小小推销员	英语歌曲	音乐达人	彩泥手工		打字小能手、我是小画家	韵律操、轮滑
三年级	彬彬有礼	数学小日记、巧拼七巧板	情境对话	戏剧之王	环保动手做、卡通动漫画	科学趣味实验	小小设计家、图文编辑师	手球、篮球

（续表）

年级	快乐语文	生活数学	快乐英语	音乐汇	美术秀	科学达人	E路有梦	激情体育
四年级	群文阅读	自制数学教具、数学手抄报、火柴棒游戏	英文演讲	戏剧之王	科幻画、国画	科学趣味实验	班级风采秀、音频小达人	手球、篮球
五年级	古诗文诵读	小小采购员、探索图形	英语趣配音	节奏大师	中国传统美术欣赏	青少年科学DV影像课程	美图魔术手、动画创意秀	手球、篮球
六年级	演讲与口才	数学小论文、秀秀我家的导游账单	英语写作	节奏大师	设计脸谱	青少年科学DV影像课程	电影奥斯卡、我是机器人	手球、篮球

（二）"乐和学科"的评价要求

特色课程是基础课程的有效补充与拓展，在实施过程中，既能丰富基础课程资源，又能让每一个孩子的兴趣和特长得到发展。因此，特色课程的评价方式以过程性评价为主，体现学科特点。

1. 学科主题活动。在学科主题活动中，以过程性评价为主，一方面夯实学科基础，另一方面让尽可能多的孩子参与活动，分享自己的感受，展示自己的特长，收获自信和成就感。活动作品可以丰富校园文化和课程资源。

2. 学科竞赛活动。在主题活动的基础上评选出各个学科有特长的孩子参加各级各类学科竞赛，让孩子们正确认识自己并不断提高自己的水平，使特长得到持续的发展。

三、创建"乐和社团"，全面优化兴趣爱好课程

社团是学生课堂活动的延伸和拓展。"乐和社团"给全体学生发现自己潜能的机会，让乐小的孩子们乐而不松，和而不同；让快乐插上翅膀，让成长轻舞飞扬。

（一）"乐和社团"的要义与操作

"乐和社团"是满足学生全面地、健康地发展的需要，是以"培养个性扬

特长"为理念，以核心素养为依托开展的丰富多彩的社团课程。

"乐和社团"是激发潜能的社团。学生在共同的兴趣爱好群体中，激发自我的潜能。

"乐和社团"是发展个性的社团。社团活动为发展学生的个性提供无限的可能。

"乐和社团"是学会共处的社团。社团成员来自不同班级，不同的信息差使学生不断地取长补短，学会和谐相处。

"乐和社团"是探索创新的社团。社团活动需要学生动手实践、探究与解决问题，学生在不断探索、创新地完成任务的过程中各尽其能。

学校从艺术类、语言类、体育类、科技类、书法类、心理辅导类六个专题入手组建各种社团，丰富、延伸四大类课程。

1. 艺术类社团。社团活动提高学生的审美素养，使他们的学习富有情趣。艺术类社团主要有合唱团、"轻舞飞扬"舞蹈、腰鼓、H&H行进管乐队、口风琴、国画、科幻画、"小手巧折"手工、"童心飞扬"儿童画等社团。

2. 语言类社团。社团活动提高学生的语言素养，让学生充分地表达自我、体验分享的喜悦。语言类社团主要有"快乐英语""小小诵读"、阅读创作等社团。

3. 体育类社团。社团活动提高学生的身体素质，让学生感受释放身体的轻松与运动的美。体育类社团主要有篮球队、田径、足球、快乐手球、啦啦操、轮滑、健美操等社团。

4. 科技类社团。社团活动提高学生的科学素养和动手实践能力。科技类社团主要有"小小气象家"、观鸟、青少年科学DV、Steam课程、仿生机器人、创客、3D打印、速打"小精灵"、电脑绘画、电子报刊制作、趣味编程等社团。

5. 书法类社团。社团活动使学生从传统文化中感受书法的艺术魅力。书法类社团主要有"钢骨墨韵""星星墨苑"等社团。

6. 心理辅导类社团。社团活动促进全校师生身心和谐发展。心理辅导类社团主要有"巧克力""心灵港湾"等心理辅导社团。

社团学习是团队成员共同的意愿和爱好，是学校落实全面育人、发展个性的有效实施路径。学校从定时间、定人员、定内容、定地点四个方面规范社团的实践操作。

（二）"乐和社团"的评价

"乐和社团"立足校内师资和校外师资的补充，力求满足每个孩子乐于学习、多元发展的需求。"乐和社团"的评价以过程性评价和形成性评价相结合的方式进行，具体表现为校园文艺汇演、优秀社团展示、优秀作品汇编、各级各类比赛的组织与参加。

1. 校园文艺汇演。给每一个社团、每一个社团成员提供一个展示的平台，让更多的孩子发现丰富多彩的社团活动并参与进来，找到"自我"的舞台。

2. 优秀社团展示。优秀社团在学校和市区分享自己的经验与做法，在分享的过程中展示自己社团的特色与优势，通过和同类社团的比较找出自己的不足并进行改进。

3. 优秀作品汇编。通过书画类、写作类作品汇编，让师生的作品成果化，增强师生的荣誉感。

4. 各级各类比赛的组织与参加。让有特长的孩子通过各级各类比赛，如球类、书画类、棋类、信息类比赛等，不断提高自己的竞技水平，特长得到持续的发展。

四、丰富"乐和节日"，推进实施节庆文化课程

节日是生活中值得纪念的日子，是生活仪式感的体现。"乐和节日"是弘扬校园文化，打造学校特色的有效途径，课程具有文化、智能与情感价值。

（一）"乐和节日"的要义与操作

学校从以"记忆中华"为主题的六大传统节日、以"爱我中华"为主题的五大纪念节日、以"印象乐小"为主题的12大校园节日、以"放眼环宇"为主题的五个国际节日四个方面入手，实施"乐和节日"，以多种渠道开发创新节日课程，努力营造校园文化课程。

1. 以"记忆中华"为主题的六大传统节日：我们以六大传统节日为依托，通过了解、体验文化习俗，使传统文化变得可感可触（见表1-5）。

表1-5 以"记忆中华"为主题的六大传统节日课程设置表

节　日	主　题
中秋节（农历八月十五）	"独具匠心"的中秋节
重阳节（农历九月初九）	"百善孝为先"
春节（农历正月初一）	"相亲相爱一家人"
元宵节（农历正月十五）	扎盏花灯；闹元宵
清明节（4月5日前后）	剪贴报；放风筝比赛
端午节（农历五月初五）	"端午粽飘香，六一快乐多"

2. 以"爱我中华"为主题的五大纪念节日：学校以五大纪念节日为依托，引导学生关注生活，增强生活仪式感（见表1-6）。

表1-6 以"爱我中华"为主题的五大纪念节日课程设置表

节　日	主　题
教师节（9月10日）	一张小贺卡，一份感谢
国庆节（10月1日）	"祖国发展我成长"
建队日（10月13日）	"红领巾相约中国梦"
学雷锋日（3月5日）	雷锋故事分享会
植树节（3月12日）	拥抱春天　播种绿色　放飞希望

3. 以"印象乐小"为主题的12大校园节日：校园节日是以学生的校园生活为依托，帮助孩子有更真切的人生体验（见表1-7）。

表1-7 以"印象乐小"为主题的12大校园节日课程设置表

节　日	主　题
拜师礼	"扬国学精粹，展乐小风采"（软笔书法写"人"字）
校庆	回顾·感恩·希望（校庆文艺汇演）；学生游园摊位活动
游学节	我们一起去游学（上学期）
十岁礼	学会感恩，快乐成长（四年级"成长礼"活动）
体育节	"我运动，我健康，我快乐"
读书节	"多读书，读好书，好读书"
游学节	我们一起去游学（下学期）
运动会	"乐和杯"校园运动会

（续表）

节　　　日	主　　　题
艺术节	社团展演
科技节	放飞科技梦想
游戏节	"乐在校园，美在心间"
毕业典礼	"明礼友好，少年启航"

4. 以"放眼环宇"为主题的五个国际节日："放眼环宇"让孩子们拓宽视野，与全世界的小朋友一起过节日，体验"地球村"（见表1-8）。

表1-8　以"放眼环宇"为主题的五个国际节日课程设置表

节　　　日	主　　　题
妇女节（3月8日）	我身边的优秀女性人物
地球日（4月22日）	保护地球，从我做起（设计保护地球标识牌）
劳动节（5月1日）	"走进各行各业"（寻找身边最可爱的人）
儿童节（6月1日）	"飞扬的旋律、欢快的六一"
世界粮食日（10月16日）	节约粮食，从我做起

（二）"乐和节日"的评价

节日课程对学生的评价主要是过程性评价：一是活动过程中依据评价关键词学生自评、小组互评；二是建立学生成长记录袋，包含剪贴报、日记、书画作品、活动图片、收集的资料等。

五、聚焦"乐和主题"，着力落实专题教育课程

"乐和主题"让学生从一年级入学到六年级毕业，通过落实十大专题聚焦课程，明确自己需要培养的能力和需要做的事情。

（一）"乐和主题"的要义

"乐和主题"让学生从一年级入学到六年级毕业，明确自己12岁之前需要做的20件事：（1）每天整理自己的书包、床铺；（2）每天收拾碗筷；（3）洗自己的袜子、红领巾及其他小衣服；（4）节假日打电话问候长辈；（5）每天对自己说："我是最棒的！"（6）对爱你和帮助你的人说"谢谢"；（7）面对错误，勇敢地说"对不起"；（8）学会合理使用自己的零用钱、压岁钱；（9）在自己

生日的那天，做一件感恩爸妈的事；（10）每月读一本好书；（11）每年学会一样生存技能；（12）把节省下来的零花钱捐给需要帮助的人；（13）利用假期去体验一次真正的农村生活；（14）有一项坚持的体育项目；（15）9岁左右开始，制定一个目标或计划，并实现它；（16）有自己的收藏（邮票、游戏卡、商标、芭比娃娃）；（17）建立一个属于自己的座右铭；（18）种一棵小树，与小树一起长大；（19）学会用地图和指南针找路；（20）每年当一次小小志愿者。

上述12岁之前需要做的20件事所构成的"乐和主题"主要围绕以下专题进行：

1. 安全教育：1—3年级：用水用电常识教育、饮食安全教育、防骗防拐安全教育。4—6年级：交通安全教育，消防安全教育，防溺水、防震教育。

2. 环保教育：1—3年级：了解各类环保纪念日，垃圾分类，低碳生活。4—6年级：废旧物品回收再利用，节能减排，参观各类环保教育基地。

3. 礼仪教育：1—3年级：小学生文明礼仪知识和中国传统礼仪文化教育。4—6年级：八礼四仪教育、国外礼仪教育。

4. 健康教育：1—3年级：洁牙护齿教育、爱眼护眼常识教育。4—6年级：小学生心理健康教育、个人卫生及性特征科普教育。

5. 多元视野：1—3年级：了解各国传统文化，接触各类文艺作品，培养个人审美经验。4—6年级：探究异域文化，观察各类习俗的背景与文化，关注世界性热门问题。

6. 科普教育：1—3年级：了解基本的科普知识，参加各类科普知识的讲座与知识竞赛。4—6年级：观察国内外科技发展带来的影响，参加各类科技小发明、小创造。

7. 感恩教育：1—3年级：了解各类节日，积极参与各类感恩主题活动。4—6年级：动手为长辈做件力所能及的事，参加社区等组织的公益性活动。

8. 合作教育：1—3年级：专心听别人说话，学习中国传统文化中的合作教育。4—6年级：充分表达个人意见并能与人沟通，能在团体活动中体现合作精神。

9. 法制教育：1—3年级：了解国家基本法律常识，遵守社会公德。4—6年级：积极参加各类法制教育宣传活动，争当各类积极分子。

10. 分享倾听：1—3年级：班级自治活动，分享假期生活，校外文化组织来校讲座。4—6年级：尊重不同意见并平等对待，在交往中能自我反思并促进团体的共识。

（二）"乐和主题"的评价办法

乐农新村小学旨在评选乐学、乐行、明理、友好的"乐和少年"。

1. 乐学少年：乐于思考，学习能力强。

2. 乐行少年：乐于动手，实践能力强。

3. 明理少年：乐于向善，通情达理，明礼正直。

4. 友好少年：乐于交友，亲近友善，和睦相处。

总之，围绕"乐而不松，和而不同"的办学理念和"让快乐插上翅膀，让成长轻舞飞扬"的课程理念践行"乐和教育"，在教育教学过程中引领师生共同成长，让每个孩子在"乐和"的海洋里，快乐学习、快乐体验、快乐创造，发挥自己的潜能，树立正确的世界观、人生观、价值观，让快乐插上翅膀，让成长轻舞飞扬。

（撰稿者：王嗣惠　王少森　黄　英）

第二章

教育是有使命的，课程为其物质载体，被赋予特殊使命。学校课程哲学是学校对自身使命的价值判断。提炼学校课程哲学本质上就是要思考学校课程使命等一系列的价值论问题，深刻理解学校课程的价值取向和内在意义。因此，全面审视学校课程价值、深刻理解学校课程使命，是确定学校课程哲学的一种思路。

从学校课程使命中提炼

教育是有使命的，课程为其物质载体，被赋予特殊使命。学校总要对课程之使命予以审视和判定，这就必然要全面思考课程的理念、价值和意义。换言之，就是要提炼学校课程哲学。

提炼学校课程哲学，本质上就是要思考"学校课程究竟是为了什么？学校课程的核心究竟是什么？学校课程的使命何在？为什么要确定学校课程哲学？"等一系列的价值论问题，深刻理解学校课程的价值取向和内在意义。通过对学校课程价值和使命的深刻审视，全面理解学校课程发展的意义和实践。

学校课程有两种基本价值：工具价值和内在价值。工具价值是指课程对个人发展和社会进步的价值；内在价值是课程内在于活动本身、内在于追求真理与探究科学，使人合理地理解和解释世界的价值。长期以来，我们的学校特别重视课程的工具价值，容易忽略课程对人的内在成长的长期影响。

合肥市金湖小学的教育哲学是阳光教育，即让每个生命都能够向着阳光茁壮生长，绽放出独特的生命光彩。学校提出阳光教育是充满爱的教育，是多彩的教育，是和谐的教育，是平等的教育，是成功的教育。基于学校的教育哲学，学校确立了"让每一个孩子内心充满阳光"的课程理念，期待通过开展七彩课程让学校、教师和学生都能在温暖热烈的阳光下缤纷绽放，展示自己独有的金色的光芒。

综上所述，学校课程哲学是学校对自身课程使命的价值判断。金湖小学认为孩子们的生活应该是多彩的在校生活，而不仅仅是上课、考试和作业，还应该有情感的涌动，品质的锤炼；课堂不仅仅是老师讲、学生听，还应该是多彩的、丰富的、个性张扬的生命成长的交流。学校以阳光谷课程践行着自己的课程理念，构建和谐共融、活力向上的校园，为学生发展提供条件。

（撰稿者：王　莹）

文化坐标　合肥市金湖小学
课程哲学　让每一个孩子内心充满阳光

合肥市金湖小学创办于2007年8月，原是蜀山区教体局直辖的一所九年一贯制公办学校；2016年8月，根据教育发展的需要，成为一所全新的规模较大的公立小学——合肥市金湖小学。学校占地20多亩，共计建筑面积14718平方米；现有在职教师110多人，学生2000多名。合肥市金湖小学牢牢把握教育教学这个中心，以"质量立校，文化育人"为学校发展的基本思路，以"扎实、有序、创新"为工作三大追求，全面实施素质教育，彰显多彩的阳光体育和校园科技教育办学特色。学校先后获得全国青少年校园篮球示范学校、全国啦啦操实验学校、全国校园大课间啦啦操推广实施单位、全国科学健身示范学校、教育部美育课题实验基地、安徽省生态教育成员校、安徽省防震减灾科普示范学校、合肥市素质教育示范学校、合肥市科技创新特色学校、合肥市科普示范单位、合肥市花园学校、合肥市绿色学校、合肥市平安校园、蜀山区合格家长学校、蜀山区德育先进集体等一系列荣誉称号。近年来，合肥市金湖小学打造阳光体育课程，还成为了国家社科基金（教育学）重点项目子课题"改善久坐行为对合肥市小学生体质健康影响的实验研究"实验校。

第一节

向着阳光灿烂生长

金湖小学的"金"，意为"金色的阳光"，延伸出"温暖热烈，活力向上"的涵义，希望孩子们能在阳光的浸润下灿烂生长。

一、学校教育哲学

学校教育哲学是"阳光教育"。阳光是温暖的、多彩的、柔和的、充满向上生长力量的；教育也是光明的、温暖的，它让生命的活力充分涌流，让每个生命都能够向着阳光茁壮生长，绽放出独特的生命光彩。

1."阳光教育"是温暖的教育。万物在阳光的呵护下成长，教育应让孩子如同沐浴在温暖的阳光下健康成长。

2."阳光教育"是绚丽的教育。阳光是色彩斑斓的，孩子们的生活也应该是精彩纷呈的。打造"阳光教育"，就是要让他们享受多彩的校园生活，换句话说，我们的教育不仅仅是上课、考试和作业，还应该有情感的涌动，品质的锤炼；课堂不仅仅是老师讲、学生听，还应该是多彩的、丰富的、个性张扬的生命成长的交流。

3."阳光教育"是柔和的教育。阳光教育着重创建一种温暖和煦的教育氛围，在这种和睦谐顺的氛围中构建师生、生生、家校及社会之间和睦协调的互助关系。

4."阳光教育"是平等的教育。阳光洒满每一个角落，不分贵贱，给予所有的人。阳光教育致力于建立一方公平公正的教育净土，让受教育的每一颗种子都能茁壮生长。

5."阳光教育"是充满激情的教育。阳光教育让每一位老师感受到教育的魅力，让每一位孩子感受到学习的热情，在阳光下成长，在努力中前进，收获每一份喜悦与感动。基于上述理解，我们秉持如下教育信条：

　　我们坚信，
　　学校是充满阳光的地方；
　　我们坚信，
　　孩子们的笑脸是校园里最灿烂的阳光；
　　我们坚信，
　　向着阳光灿烂生长是教育最美好的图景；
　　我们坚信，
　　过温暖而美好的教育生活是教师的职业追求；
　　我们坚信，
　　让每一个孩子内心充满阳光是教育的神圣使命。

二、学校课程理念

学校把"让每一个孩子内心充满阳光"作为学校的课程理念，努力让我们的孩子阳光、有活力。

1. 课程即温暖的传递。教育是有温度的，教育是爱的行为，我们要让教师有阳光般的热烈与温暖，我们要让爱贯穿整个教育过程，实现师生的传递、生生的传递，不断激发孩子的主观能动性，让孩子真正感受到成长是一种温暖的旅程，是一种生命的缤纷绽放。

2. 课程即个性的张扬。我们把孩子放在课程的中央，因材施教、面向全体，让每一个孩子都积极、创新、健康、灿烂，让每个生命都能够向着阳光茁壮生长，绽放出独特的生命光彩。

3. 课程即内在的生长。我们要提供生命成长的条件，给予孩子一个快乐、安全、幸福、民主的世界，一个自信、创造、自主、开放的空间，使孩子的天性和与生俱来的能力得到健康生长。

4. 课程即蓬勃的力量。充满朝气，活力向上是阳光的属性，也是我们多彩课程的要求，我们要为孩子提供开放的课程空间，整合一切教育资源为孩子的自我构建和自我成长提供能量，使其在我们金湖小学的校园里充满活力地成长。

我们期待我们的学校、我们的教师、我们的孩子在温暖热烈的阳光下缤纷绽放，展示自己独有的金色的光芒。

第二节

让每一个孩子内心充满阳光

课程目标是确定课程内容、教学目标与教学方法的基础。基于金湖小学的课程哲学，我们确立了"让每一个孩子内心充满阳光"的课程追求。

一、培养目标

学校努力让每一个孩子内心充满阳光，让孩子们成为温暖、灵动、多彩、向上的阳光少年。"温暖"具体表现为心情愉悦、心胸开阔、注重礼仪、幸福感强；"灵动"具体表现为充满活力、脑体灵活、心事灵巧、聪明伶俐；"多彩"具体表现为规范有序、全面发展、生活丰富、善于学习；"向上"具体表现为精神振奋、情绪高涨、勤于钻研、勇于攀登。

二、课程目标

育人目标需要细化为学校课程目标。因此，学校课程目标如下（见表2-1）：

表2-1 合肥市金湖小学"阳光谷课程"各年级段课程目标

目标＼年级	低 年 级	中 年 级	高 年 级
心情愉悦	热爱学习，基本养成用心听讲的良好习惯。	专心听讲，形成浓厚的学习兴趣，能和老师做好课堂互动。	用心听讲，学习兴趣浓厚。能自觉地将所学运用于实践。
心胸开阔	初步养成在学校、家庭、社会日常生活中谦让、互助的习惯。	能接受老师和同学们的善意批评，课堂上能大胆提出问题，对不同意见要学会尊重、学会分析接纳。	在学习上能主动帮助需要帮助的同学，主动承担班级事务，主动维护课堂秩序，主动承担家庭力所能及的事务。

目标＼年级	低 年 级	中 年 级	高 年 级
注重礼仪	初步养成良好的文明和卫生习惯。见到老师和同学要问好。课堂发言学会先举手。	注重自身和班级卫生。主动帮助需要帮助的小同学。说话、做事要讲究礼貌。注重课堂礼仪。	维护学校和班级的卫生。讲究社会公德。懂得尊重和关心他人。
幸福感强	基本上能快乐地完成课堂学习任务。上课积极发言，在老师和家长的帮助下快乐地完成课后学习任务。	课堂上能认真倾听，能主动向同学或老师请教不理解的地方，能够对不同的意见进行小组讨论，主动创造和而不同的课堂氛围。能够把学习当成一种乐趣。	课堂上能认真倾听。乐于参与讨论，善于发表自己的意见。能合理安排自己的课下学习时间。能够在学习中获得幸福感。
充满活力	上课精力旺盛。按时交作业，遵守课堂纪律。	上课注意力集中。认真听讲、积极发言。	上课注意力高度集中。积极参与课堂互动。善于思考，善于质疑。
脑体灵活	课堂上学会动脑筋。课下活动做到有序。	课堂上积极开动脑筋。善于发现问题、提出质疑。各项活动积极参与，做到有序、扎实。	善于发现问题，解决问题。各项活动做到高效、示范。
心事灵巧	初步养成动脑、动手的好习惯。	自己能做的事自己做。基本养成动脑、动手的好习惯。	遇事开动脑筋。多想、多做。养成良好的动脑、动手的好习惯。
聪明伶俐	上课能大胆发言，积极参加各种活动。	上课积极发言。对于学习和生活中的问题学会主动思考。	上课能紧跟老师的教学思路，大胆思考，积极发言。敢于提出自己不同的意见。
规范有序	初步做到认真上好每一节课，完成老师布置的作业。	认真上好每一节课，合理完成老师布置的任务。踊跃参加学校社团活动。适当进行课外活动。	认真上好每一节课，完成老师布置的所有作业。积极参加社团及其他有益活动。养成良好的课外学习的好习惯。
全面发展	初步完成学习任务，适当参加感兴趣的活动。	认真完成学习任务。积极参加各类学生社团活动。	保证完成学习任务。积极参加其他教育教学活动。有计划地进行课外学习与实践活动。
生活丰富	在老师和家长的带领下，适当参加一些有益活动。	多参加一些有意义的活动，丰富自己的生活。	积极参加有意义的活动。为自己的课余生活制订计划并实施。
善于学习	认真听讲，努力完成各科作业。	上好每一节课。善于思考，不耻下问，在老师的帮助下有计划地学习。	认真上好每一节课。掌握学习方法。刻苦钻研，实现学习目标。

目标 \ 年级	低 年 级	中 年 级	高 年 级
精神振奋	活泼、开朗、做事有热情。	每天充满激情。保持良好的学习、生活热情。	每天充满激情，充满正能量。
情绪高涨	基本做到学习、生活有热情。	上课有激情，活动有热情。	上课激情高，活动热情高。热心做有意义的事。
勤于钻研	完成学习任务。喜欢看有益的课外书籍。	认真完成学习任务。适量安排课外学习。学会预习。	认真完成学习任务。合理安排课外学习。懂得怎样有效地预习。
勇于攀登	初步知道自己学习的不足并努力改进。	学会分析自己学习上存在的不足，并制订改进计划积极改进。	能够为自己制订学习和生活目标，并努力实现。

第三节

每一种色彩都将绽放

有个性化特色的课程体系结构是学校课程顶层设计的核心内容。根据学校的校园文化、办学理念以及对学校现状的分析和思考，经过多轮交流讨论，梳理出阳光谷课程体系。我们力求让每一位孩子在阳光下缤纷绽放。

一、学校课程逻辑

在课程设计中，科学严谨的学科逻辑，其安排的最终目的，一是更好地实现教育目的；二是更好地促进孩子的发展，使孩子能够更好地适应社会。

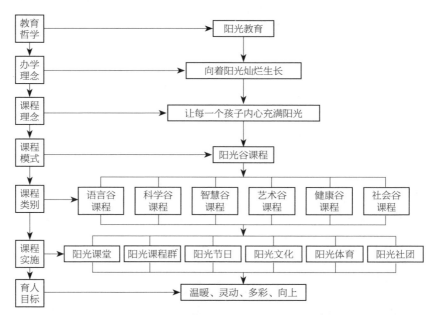

图2-1 合肥市金湖小学"阳光谷课程"逻辑图

因此，在课程的安排中，我们应将各种因素综合性考虑、安排，方能设计出合理的课程。

二、学校课程结构

根据多元智能理论，结合学校课程开发情况，整合汇聚了以"让每一个孩子内心充满阳光"为理念的一系列教育课程，我们称为"阳光谷课程"。学校"阳光谷课程"分为语言谷课程、科学谷课程、智慧谷课程、艺术谷课程、健康谷课程、社会谷课程六类，我们努力让每一种色彩都绽放（见图2-2）。

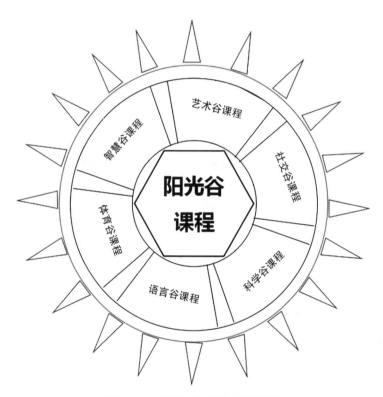

图2-2　合肥市金湖小学课程结构图

在上述课程结构图中，每一类课程都是各种内容、各种形式子课程的集合与汇聚，它是一块块课程群，而这种汇聚与群集合，又是流动的，每一类都会流向课程目标的重心，如同溪水汇聚流向山谷一般。

同时，我们根据属性的象征意义分别呈现绿色、蓝色、金色、橙色、紫色、红色等，来表示阳光谷课程的活力，因为，每一种色彩都将绽放。多彩交互中，绿色为语言谷课程，即语言与交流课程，其主要内容包括语文、英语和学科拓展课程；蓝色为科学谷课程，即科学与探索课程，主要包括科学和学科拓展课程；金色为智慧谷课程，即逻辑与思维课程，主要包括数学和学科拓展课程；橙色为艺术谷课程，即艺术与审美课程，主要包括美术、音乐和学科拓展课程；紫色为体育谷课程，主要包括体育和学科拓展课程；红色为社会谷课程，即自我与社会课程，主要包括道德与法治和学科拓展课程。

三、学校课程设置

根据"阳光谷课程"结构图，结合学校课程资源情况，对整合课程按照六年共12个学期进行设置，构建了"阳光谷课程"具体框架表（详见表2-2）：

表2-2　合肥市金湖小学"阳光谷课程"具体框架表

年级	语言谷课程	科学谷课程	智慧谷课程	艺术谷课程	健康谷课程	社会谷课程
一上	语文 英语 阳光绘本馆 英语歌谣	科学 科学名人馆 科学幻想画	数学 数学游戏 七巧智慧	音乐 美术 我唱哆来咪 儿童画	体育与健康 趣味游戏 轮滑 阳光大课间 亲子运动会	道德与法治 研学旅行 周会 阳光节日课程 入队仪式
一下	语文 英语 阳光绘本馆 英语歌谣 古诗朗读	科学 科学名人馆 科学幻想画	数学 数学游戏 七巧智慧	音乐 美术 我唱哆来咪 儿童画	体育与健康 趣味游戏 轮滑 阳光大课间 亲子运动会	道德与法治 国际体验营 研学旅行 周会 阳光节日课程
二上	语文 英语 阳光故事屋 英语小故事 古诗朗读	科学 科学幻想画 趣味实验	数学 趣味数学 神奇魔方	音乐 美术 儿童画 尤克里里 葫芦丝	体育与健康 趣味游戏 轮滑 阳光大课间 亲子运动会	道德与法治 国际体验营 研学旅行 周会 情商管理 阳光节日课程 我是"家庭小主人"

年级	语言谷课程	科学谷课程	智慧谷课程	艺术谷课程	健康谷课程	社会谷课程
二下	语文 英语 阳光故事屋 英语小故事 古诗朗读	科学 科学幻想画 趣味实验	数学 趣味数学 神奇魔方	音乐 美术 儿童画 尤克里里 葫芦丝	体育与健康 趣味游戏 轮滑 阳光大课间 亲子运动会	道德与法治 研学旅行 周会 情商管理 阳光节日课程 我是"家庭小主人"
三上	语文 英语 阳光阅读 我爱《小古文》 英语绘本秀	科学 科学幻想画 科技动手做 趣味实验 生态观鸟	数学 数学万花筒 思维训练营	音乐 美术 长笛 黑管 水粉画 舞蹈 黄梅戏合唱	体育与健康 轮滑 阳光大课间 亲子运动会 啦啦操 少年篮球	道德与法治 国际体验营 研学旅行 周会 情商管理 阳光节日课程 专题教育课程
三下	语文 英语 阳光阅读 我爱《小古文》 英语绘本秀	科学 科学幻想画 科技动手做 趣味实验 生态观鸟	数学 数学万花筒 思维训练营	音乐 美术 长笛 黑管 水粉画 舞蹈 黄梅戏合唱	体育与健康 轮滑 阳光大课间 亲子运动会 啦啦操 少年篮球	道德与法治 国际体验营 研学旅行 周会 情商管理 阳光节日课程 专题教育课程
四上	语文 英语 经典诵读 英语嘉年华	科学 科学幻想画 科技动手做 生态观鸟 趣味实验	数学 思维训练营 趣味数学	音乐 美术 长笛 黑管 水粉画 舞蹈 黄梅戏合唱 版画 书法 中国鼓 打击乐	体育与健康 轮滑 手球 阳光大课间 亲子运动会 啦啦操 少年篮球 "一米阳光" 心理健康	道德与法治 国际体验营 研学旅行 周会 情商管理 阳光节日课程 专题教育课程 社区实践

（续表）

年级	语言谷课程	科学谷课程	智慧谷课程	艺术谷课程	健康谷课程	社会谷课程
四下	语文 英语 经典诵读 英语嘉年华	科学 科学幻想画 科技动手做 生态观鸟 趣味实验	数学 思维训练营 趣味数学	音乐 美术 长笛 黑管 萨克斯 水粉画 舞蹈 黄梅戏合唱 版画 书法 中国鼓 打击乐	体育与健康 轮滑 手球 阳光大课间 亲子运动会 啦啦操 少年篮球 "一米阳光" 心理健康	道德与法治 国际体验营 研学旅行 周会 情商管理 阳光节日 课程 专题教育 课程 社区实践
五上	语文 英语 经典诵读 英语嘉年华 国学	科学 科学幻想画 科学微电影 科技动手做 生态观鸟 趣味实验 机器人 科学创意	数学 思维训练营 趣味数学	音乐 美术 长笛 黑管 萨克斯 水粉画 舞蹈 黄梅戏合唱 版画 书法 中国鼓 打击乐	体育与健康 轮滑 手球 阳光大课间 亲子运动会 啦啦操 少年篮球 "一米阳光" 心理健康	道德与法治 国际体验营 研学旅行 周会 情商管理 阳光节日 课程 专题教育 课程 公益活动
五下	语文 英语 经典诵读 英语嘉年华 国学	科学 科学幻想画 科学微电影 科技动手做 生态观鸟 趣味实验 机器人 科学创意	数学 思维训练营 趣味数学	音乐 美术 长笛 黑管 萨克斯 舞蹈 黄梅戏合唱 版画 书法 中国鼓 打击乐 舞蹈社团	体育与健康 轮滑 手球 阳光大课间 亲子运动会 啦啦操 少年篮球 "一米阳光" 心理健康	道德与法治 国际体验营 研学旅行 周会 情商管理 阳光节日 课程 专题教育 课程 公益活动

年级	语言谷课程	科学谷课程	智慧谷课程	艺术谷课程	健康谷课程	社会谷课程
六上	语文 英语 经典诵读 英语嘉年华 国学	科学 科学幻想画 科学微电影 科技动手做 生态观鸟 趣味实验 机器人	数学 思维训练营 趣味数学	音乐 美术 萨克斯 书法 阳光剧场	体育与健康 阳光大课间 亲子运动会 啦啦操 "一米阳光" 心理健康 手球 篮球	道德与法治 国际体验营 研学旅行 周会 情商管理 阳光节日 课程 专题教育 课程 公益活动
六下	语文 英语 经典诵读 英语嘉年华 国学	科学 科学幻想画 科学微电影 科技动手做 生态观鸟 趣味实验 机器人	数学 思维训练营 趣味数学	音乐 美术 萨克斯 书法 阳光剧场	体育与健康 阳光大课间 亲子运动会 啦啦操 "一米阳光" 心理健康 手球 篮球	道德与法治 国际体验营 研学旅行 周会 情商管理 阳光节日 课程 专题教育 课程 公益活动

让每一个孩子拥有金色的童年

太阳每天都会以崭新的姿态从东方冉冉升起，我们的孩子每天都朝气蓬勃，充满活力地学习和运动，我们希望每一个孩子都拥有金色的童年。

一、建构"阳光课堂"，提升学校课程品质

"阳光课堂"是基于我们的培养目标而提出的。我们要培养孩子成为温暖、灵动、多彩、向上的阳光少年。"阳光课堂"是温暖的、充满活力的课堂，也是和谐、高效的课堂。这就要求我们的教师通过科学地设立学习目标、创设和谐的学习环境、调整教与学的策略、激发孩子学习的主动性，突出多元尝试学习活动，来呈现让孩子快乐成长的活力课堂。"阳光课堂"上每个精彩的环节就像珍珠，那么"阳光课堂"的评价就是串起这些珍珠的丝线。"阳光课堂"主要考虑以下视角：

1. 情感共融，学会用温暖传递情感。课堂上，当老师用真诚的情感迈入孩子的情感世界时，当老师用真诚的心去碰撞孩子们的心灵时，那么孩子也一定会以十二分的热情回应你，并接受你的课堂。当孩子开始接纳你、喜欢你的时候，师生情感状态属于互融的状态，也能有效地达成一种和谐的局面。课堂最美的声音是孩子生命里"拔节"的声音。对于内向胆小的孩子，他们幼小的心灵往往敏感又脆弱，常常伴随着自卑和自我否定，他们亟需老师的呵护和关爱。我们不妨在课堂上多给这些孩子一些关爱。你一句真诚的赞赏，会让这些孩子心里开出一朵朵幸福的"花"。他们会更清晰正确地审视自己、认识自己从而赏识自己，找到进步的方向。

2. 及时鼓励，发掘孩子的闪光点。课堂上，老师要尽量挖掘孩子的闪光点，少用一些负面的语言，让孩子能扬长避短，发现自身的闪光点。老师要经常在课堂上对孩子的表现做肯定性、激励性评价，增强孩子的自信心和积极性。培养孩子学习的自主能动性。

3. 分层指导，关注每一位孩子的进步。对不同的孩子要采用不同的指导方式。对于部分暂时没有赶上来的孩子，多采用激励性评价，在平时的课堂和生活中多对他们进行肯定，发现每一位孩子身上的闪光点并予以肯定，让他们看到希望，消除自卑，树立信心。对于中等生，我们既要采用激励性评价，也要注重指出其不足之处并指明努力方向，促使他们不落后，积极向上；而对于一些优等生，我们则不能一味地肯定和夸奖，要注意采用竞争性评价，坚持高标准、严要求，促使他们不骄不躁、谦虚、严谨。这样的分层指导，面对不同孩子采取不同的评价方式，是激发各个层次孩子好好学习的催化剂，也能有效地促进各个层次的孩子更好地全面发展，使每一位孩子的努力和成绩，个性与独特之处，都同样被鼓励与关注。

4. 评价多样，提高学习的效率：采取多种多样的评价方式，比如自评、同桌互评、小组互评、全班互评等，评级方式的多元化让孩子参与面更广，积极性大大提高，同时也可以提高孩子们的学习效率。

二、建设"阳光学科"，丰富学科拓展课程

我们以国家课程语文、数学、英语、科学、体育等学科为基础，分别建立各自的课程群，夯实学科教学质量，开设学科拓展课程，培养学科核心素养。

以小学语文学科的"本真语文课程群"建设为例：《义务教育语文课程标准（2011年版）》指出，阶段目标从"识字与写字""阅读""写作"（第一学段为"写话"，第二、第三学段为"习作"）、"口语交际"四个方面提出要求。课程标准还提出了"综合性学习"的要求，以加强语文课程内部诸多方面的联系，加强与其他课程以及与生活的联系，促进孩子语文素养全面协调发展。

"本真语文"课程群结构是各部分的配合和组织，它是课程体系的骨架（见图2-3）。

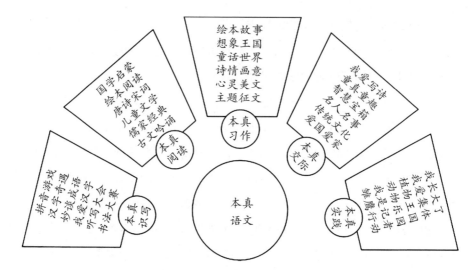

图2-3　合肥市金湖小学"本真语文"课程群结构图

我们的语文课程群具体表述如下：

1. 本真识写：《义务教育语文课程标准（2011年版）》指出，识字与写字是"第一学段的教学重点，也是贯穿整个义务教育阶段的重要教学内容"。它也是阅读教学、口语、习作教学的基础，是语文学习最重要的学习内容之一。识写重在激发孩子识字写字的兴趣，了解汉字的历史，引导孩子正确地运用汉字、规范地书写汉字，体会汉字的博大精深，从而热爱祖国的语言文字。

2. 本真阅读：它是落实以引导孩子利用语言文字，获取信息、积累言语、增长见闻、认识世界为主题的活动。阅读类的课程提供丰富的文本使孩子理解、领悟文字带给心灵的触动。在阅读大量文本的同时掌握多种阅读的方法和技巧。

3. 本真习作：它是以书面表达为主的语文学习。我们以丰富多彩的习作学习方式开启孩子的文学创作之旅。习作课程重视孩子的观察、感受和体验，注重真实的表达，利用多种活动激发孩子写作的热情。

4. 本真交际：它是将语文灵活地运用于生活的重要载体，是听与说的综合运用。本课程旨在通过创设真实的情境，在师生、生生互动交流下，培养孩子口语交际的能力，让其能在不断地练习中学会倾听、表达与交流，能初步学会运用口头语言文明地进行人际沟通和社会交流。

5. 本真实践：它是通过语文学习中开展的各种各样的实践活动，让孩子将语文知识和实践能力有效结合，融汇贯通，以此来促进和发展孩子沟通、合作、分享等良好的个性品质和综合运用语言文字的能力，培养孩子收集信息、处理信息的能力和发现问题、解决问题的能力。

三、创设"阳光节日"，落实节庆文化课程

我们金湖小学通过多样的节日、节庆文化活动，进行阳光节日课程教育活动，借以凝聚师生情感、增进民族文化认同与自信，培养孩子、锻炼孩子。这些形式有助于对孩子开展社会主义核心价值观教育、国情教育、校情教育、责任使命感教育，是培养阳光少年的重要平台。

"阳光节日"主要包括教师节、国庆节、母亲节、父亲节、劳动节、儿童节、地球日等。这些课程的具体内容以及相应活动的落实，还有评价方式等以时间为序列呈现（详见表2-3）：

表2-3　合肥市金湖小学节庆文化教育课程表

月份	节名	时间	课程内容涵义	课程组织	课程评价
一月	元旦	1月1日	"元"有开始之意，"且"指天明的意思。元旦（New Year's Day, New Year）便是一年开始的第一天，也被称为"新历年""阳历年"。	1．"迎新年"教职工联欢会。（工会） 2．"迎新年"黑板报，手抄报评比。（大队部） 3．"迎新年"班级联欢会。（各中队） 4．"迎新年"主题班队会。（各班级）	1．评奖，发奖品。 2．打分，发奖状。
二月	春节	正月初一	春节是我国重要的传统节日，俗称"年节"，代表着新的一年的开始，预意吉祥喜庆。人们在新年的这一天会与亲人团聚在一起，节日气氛非常热闹。	1．节日小报评比活动。（美术组） 2．假日小队评比活动。（大队部） 3．如何合理使用压岁钱。（大队部） 4．寻找最"美"春联活动。（大队部）	1．打分，发奖状。 2．星级评比表彰。
	元宵节	正月十五	元宵节又被称为"上元节"。在这一天，人们会举行形式多样的活动来共庆佳节，比如出门赏月、燃灯放焰、喜猜灯谜等。	1．巧手扎灯笼，妙思猜谜语活动。（德育处） 2．节日小报评比活动。（大队部） 3．主题班队会活动。（各中队）	打分，发奖状。

（续表）

月份	节名	时间	课程内容涵义	课程组织	课程评价
三月	学雷锋纪念日	3月5日	学习雷锋日全称学习雷锋纪念日，为每年的3月5日。1963年3月5日，毛主席"向雷锋同志学习"的题词在《人民日报》发表，该纪念日由此而来。此后的几十年中，雷锋精神成为全心全意为人民服务精神的代名词。	1. 主题班队会活动。（各中队） 2. 寻找身边的"小雷锋"活动。（大队部） 3. 学雷锋主题实践活动。（大队部） 4. 讲雷锋故事活动。（各中队）	1. 综合素质评价。 2. 星级表彰。
	妇女节	3月8日	1911年的3月8日为第一个国际劳动妇女节。中国妇女第一次举行"三八"节纪念活动是在1924年。1949年12月，中央人民政府政务院规定每年的3月8日为妇女节。联合国从1975年国际妇女年开始庆祝国际妇女节，确认普通妇女争取平等参与社会的传统。	1. 升旗仪式讲话。（大队部） 2. 孩子自制贺卡送给妈妈或者女老师。（德育处） 3. 孩子诗歌朗诵《母爱》。（德育处） 4. 主题班队会活动。（大队部）	综合素质评价。
	植树节	3月12日	1979年2月23日，第五届全国人大常务委员会第六次会议决定，把3月12日定为我国的植树节。	1. 升旗仪式讲话。（大队部） 2. 动员各班制作植树节手抄报宣传并进行校内展示活动。 3. 争做环保护绿小使者活动。（大队部） 4. 校园广播站宣传。（大队部） 5. 教室绿化评比活动。（德育处）	1. 评比，打分。 2. 星级表彰。
	世界水日	3月22日	第四十七届联合国大会作出决议，确定每年的3月22日为"世界水日"。世界水日的宗旨是唤起公众的节水意识，加强水资源保护。	1. 升旗仪式宣讲。（大队部） 2. 主题班队会学习相关的知识。（各中队） 3. 开展"珍惜身边的每一滴水"为主题的画展。（美术组） 4. 开展"珍惜身边的每一滴水"为主题的演讲比赛。（大队部）	举办画展、进行交流

月份	节名	时间	课程内容涵义	课程组织	课程评价
三月	中小学安全教育日	三月最后一个星期一	自1996年起，中国确定每年3月份最后一周的星期一为全国中小学生"安全教育日"。规定所有中小学校都要在全校师生中开展一次安全教育活动。	1. 升旗仪式"安全教育"主题发言。（大队部） 2. 班会课学习"校园安全"知识条例。（各班级） 3. 学校张贴安全标语和警句。（校安科） 4. 出一期以安全知识为主题的黑板报。 5. 红领巾广播站进行安全知识宣传。（大队部） 6. 出一期安全为主题的手抄报。（各班级） 7. 组织学校安全大检查。（校安科）	1. 评比，打分。 2. 星级表彰。
四月	清明节	4月5日前后	清明节又被叫做"踏青节"，在中国很多地区有在清明节这一天进行祭祖、扫墓、踏青的习俗。这是一个兼具自然与人文两大内涵的节日，同样，也是非常重要的传统节日之一。	1. 清明节祭扫烈士墓活动。（德育处） 2. "寻找烈士的足迹"主题班队会活动。（各中队） 3. 出一期清明节小报。（大队部） 4. 出一期清明节黑板报。（美术组）	打分，发奖状。
	世界卫生日	4月7日	1948年4月7日，联合国世界卫生组织宪章生效。自1950年起，联合国决定将每年的4月7日定为世界卫生日，并为每年的卫生日确定一个与公共卫生领域相关的主题，以提高全世界对卫生领域工作的认识。	1. 升旗仪式讲话。（大队部） 2. 班级清理卫生死角。（各班级） 3. 红领巾广播站宣讲。（大队部） 4. 查找"我身边的陋习"活动。（大队部）	1. 打分。 2. 星级评比表彰。
	谷雨	4月20日	谷雨，是播种移苗、埯瓜点豆的最佳时节。因为在谷雨时节雨水会增多，大大有利于谷类农作物的生长。"清明断雪，谷雨断霜"，气象专家表示，谷雨是春季最后一个节气，谷雨节气的到来意味着寒潮天气基本结束，气温开始回升。	1. 主题班队会——"谷雨"节气的由来和内容。（各中队） 2. 寻找校园里"谷雨"生长的万物。（各中队）	文明班级评比，打分。

月份	节名	时间	课程内容涵义	课 程 组 织	课 程 评 价
四月	世界地球日	4月22日	中国自20世纪90年代起，将每年的4月22日定为世界地球日，体现了对生态环境的重视。	1. 地球日活动动员暨教育讲话。（校领导） 2. 开展黑板报专刊比赛。（美术组） 3. 上街宣传垃圾分类知识。（大队部） 4. 发放低碳环保倡议书等活动。（大队部）	1. 打分，发奖状。 2. 星级评比表彰。 3. 综合素质评价。
五月	国际劳动节	5月1日	五一劳动节是全世界无产阶级、劳动人民共同的节日。	1. 劳动卫生习惯强化。（各班级） （1）劳动卫生习惯教育。 （2）班级大扫除。 （3）个人卫生大检查 2. 今天我当家——当家小能手评比。（大队部）	星级评比表彰。
	中国青年节	5月4日	五四运动是中国从旧民主主义革命走向新民主主义革命的转折点。中华人民共和国宣布五月四日为中国青年节。	1. 仝校"告别陋习，走向文明"宣誓大会暨签名活动。（德育处） 2. "我的中国梦"——主题演讲比赛（少先队）	评比，打分。
	母亲节	星期日	每年五月份的第二个周日为母亲节，该节日可以提高孩子的感恩意识。	1. 各班级开展班队会活动。 2. 切身实际地为妈妈做一件事。 3. 三至六年级孩子开展"阳光、亲情"主题征文活动。（语文组） 4. 开一次感恩母亲主题班会。（各班级）	1. 打分，发奖状。 2. 星级评比表彰。 3. 综合素质评价。
	全国助残日	星期日	每年五月第三个星期日为全国助残日。该节日有利于提高社会群体对残疾人群体的关爱意识。	1. 在"全国助残日"来临之际，学校充分利用升旗仪式、主题班会、学校宣传栏、校园小广播等宣传主阵地，加强宣传"全国助残日"的重要意义。（大队部） 2. 开展"红领巾手拉手爱心助残"献温暖活动。（德育处）	综合素质评价。

月份	节名	时间	课程内容涵义	课程组织	课程评价
六月	国际儿童节	6月1日	每年的6月1日定为全国儿童的节日，也就是六一儿童节。每个儿童都格外期待这一天的到来。	1. 庆六一文艺汇演。（德育处） 2. 庆六一书画展。（美术组）	打分，发奖状。
	世界环境日	6月5日	每年的6月5日是世界环境日，该节日有利于提高全民的环保意识。	1. 组织各班级开展班队会活动。（大队部、各班级） 2. 开展"我爱绿色家园"手抄报和板报评比活动。（大队部） 3. 课堂渗透，提高孩子环保意识。（教导处）	1. 打分，发奖状。 2. 星级评比表彰。
	端午节	农历五月初五	端午节是我国四大传统节日之一，也是首个入选世界非遗的节日。我国国民十分重视这个节日，每到端午节这一天会举行非常丰富的活动来庆祝。	1. 孩子做手抄报，以"走近端午"为主题。（各中队） 2. 孩子通过诵背屈原诗词来理解端午文化。（各班级） 3. 课外学习粽子的各种包法。（大队部） 4. 主题班队会：说说端午节的来历和习俗。（各中队）	1. 打分，发奖状。 2. 星级评比表彰。
	国际奥林匹克日	6月23日	奥林匹克日由国际奥林匹克委员会于1948年设立，旨在纪念1894年6月23日在巴黎索邦诞生的现代奥林匹克运动会。	1. 主题班会课学习奥林匹克知识。（各班级） 2. 举办各项体育比赛，孩子在参与中体会。（体育组） 3. 奥林匹克主题手抄报比赛。（美术组）	1. 打分，发奖状。 2. 星级评比表彰。
	全国土地日	6月25日	从1991年起，每年的6月25日，即《土地管理法》颁布的日期被确定为全国土地日。	1. 各班利用主题班会开展宣传教育活动。（各中队） 2. 出一期以"节约用地"为主题的手抄报。（美术组） 3. "小手拉大手"号召全社会参与到"节能护地"的活动中来。（德育处）	1. 打分，发奖状。 2. 综合素质评价。

（续表）

月份	节名	时间	课程内容涵义	课程组织	课程评价
六月	国际反毒品日	6月26日	每年的6月26日被定为"国际反毒品日"，旨在加强对禁毒知识和禁毒工作的宣传。	1. 参观禁毒宣传栏。（校安科） 2. 召开主题班队会。（各班级） 3. 观看禁毒宣传片。（各班级）	评比，打分。
七月	建党日	7月1日	把每年的7月1日作为中国共产党的诞辰纪念日，也就是建党日。	1. 以"党在我心中"为主题的演讲比赛。（大队部） 2. 升旗仪式向孩子介绍有关党的历史。（大队部） 3. 全体师生共唱《没有共产党就没有新中国》。（音乐组）	1. 打分，发奖状。 2. 综合素质评价。
	香港回归日	7月1日	香港回归纪念日是每年的7月1日。	1. 召开主题班队会，进行爱国主义教育。（各中队） 2. 观看专题片。（各班级） 3. 写出观后感。（语文组）	评比，发奖状。
八月	建军节	8月1日	每年的8月1日是中国人民解放军建军纪念日。	1. 各班成立假日小队开展社区活动。（各中队） 2. 大手拉小手，观看爱国主义影片。（孩子家庭）	综合素质评价。
九月	抗日战争胜利纪念日	9月3日	每年的9月3日是抗日战争胜利纪念日。	1. 讲抗战故事。（各班级） 2. 观看抗日战争影片。（各班级） 3. 营造活动氛围。用学校大屏幕、制作主题展版等形式。（德育处） 4. 各班以"勿忘国耻圆梦中华"为主题组织召开班会。（各中队） 5. 周一的升旗仪式，举行"国旗下宣誓"活动。（大队部）	1. 综合素质评价。 2. 星级表彰。
	教师节	9月10日	每年的9月10日为教师节，用以肯定教师的辛勤付出。	1. 召开主题中队会。 2. 出一期黑板报。 3. 升旗仪式"献给最爱的人"——教师节献词。 4. 开展"七彩卡片表心意"活动。 5. 开展"谢师恩，绘心意"活动。	1. 打分，发奖状。 2. 星级评比表彰。 3. 综合素质评价。

月份	节名	时间	课程内容涵义	课 程 组 织	课 程 评 价
九月	全国爱牙日	9月20日	每年的9月20日为全国爱牙日，提醒大家关注牙齿健康。	1.升旗仪式宣传。（大队部） 2.召开主题班队会。（各中队） 3.请牙齿保健医生作讲座。（德育处）	综合素质评价。
	中秋节	农历八月十五	每年的农历八月十五是一年一度的中秋佳节。	1.主题中队会：中秋节的风俗和来历。（各中队） 2.网上阅读，查阅有关中秋节的故事和诗歌。（各中队） 3.自己尝试制作月饼。（孩子家庭）	1.综合素质评价。 2.星级表彰。
十月	国庆节	10月1日	每年10月1日为中华人民共和国宣告成立的伟大日子，为中华人民共和国国庆日。	1.手抄报比赛。（美术组） 2."感恩祖国"主题班队会。（各中队） 3.诗歌朗诵比赛。（大队部、语文组）	1.打分，发奖状。 2.星级评比表彰。
	世界粮食节	10月16日	为表明对农业生产和珍惜粮食的高度重视，决定将每年的10月16日定为世界粮食日。	1.升旗仪式宣传。（大队部） 2.手抄报评比。（美术组） 3.发放宣传单。（大队部）	打分，发奖状。
十一月	消防宣传日	11月9日	1992年，公安部发出通知，将每年的11月9日定为"119消防宣传日"，用以提高全民的消防安全意识。	1.专题报告会。（校安科） 2.主题班队会。（各中队） 3.现场模拟演练。（校安科）	综合素质评价。
十二月	世界残疾人日	12月3日	为唤起对残疾人这一群体的关注，将每年的12月3日定为世界残疾人日。	1.国旗下讲话。（大队部） 2.体验活动。（各中队）	综合素质评价。
	世界足球日	12月9日	蹴鞠最早起源于古代临淄，是中国古代的一项体育运动，有着深厚的社会和文化背景，有着翔实的史料记载和众多的文物考证。1978年，联合国把12月9日定为世界足球日。	1.主题班队会，了解足球运动。（各中队） 2.我国的足球与世界足球。（孩子家庭） 3.校足球兴趣小组表演。（体育组）	评比，打分。

（续表）

月份	节名	时间	课程内容涵义	课程组织	课程评价
十二月	澳门回归纪念日	12月20日	1999年12月20日零时，这一伟大的历史时刻，中国政府在这一天对澳门恢复行使主权，标志着澳门回归祖国。	1. 国旗下讲话。 2. 观看纪录片。 3. 主题班队会。	评比，打分。

四、建设"阳光社团"，落实兴趣爱好课程

学校按照孩子们的兴趣、爱好和特长，利用本校教师优势特长，再外部聘请师资，引进课程，建立各种社团，充实阳光谷课程。

阳光是多彩的，孩子的生活也应该是多彩的。学校在践行"让每一个孩子内心充满阳光"的课程理念下，建立了多种多样的社团活动，让孩子们在温暖热烈的阳光下缤纷绽放，让他们快乐、有兴趣地展示自己独有的金色闪亮的光芒。

"阳光社团"主要包括经典诵读、国学、趣味数学、黄梅戏、生态观鸟、趣味科学实验、科学微电影、科学幻想画、机器人、轮滑、手球、篮球、啦啦操、一米阳光心理社、舞蹈、合唱、国画、儿童画、卡通画、版画、手工、小号、长笛、黑管、萨克斯、尤克里里、葫芦丝、打击乐、管乐团、中国鼓、情商管理等30多个学生社团。

在这些社团中，有很多社团基础优势都比较突出，如儿童版画，是我们金湖小学创建的艺术特色。学校从2016年下学期开始成立了版画社团，现有大型版画机一台、小型版画机一台。设施齐全，环境优美。现有版画专任教师一名，并参加了合肥市第三届版画教师培训班。孩子们通过木刻版画，吹塑纸版画等的系统学习，进步很快，他们在各级各类比赛中拿了很多奖项。其他社团，如生态观鸟、机器人、啦啦操、轮滑、少年篮球、合唱等也是这样，孩子们不仅基本功扎实，而且兴趣浓郁，多次获得过国家、省、市、区的奖励。

为规范我校学生阳光社团活动的开展，我们制定了社团活动制度，提出了活动实施要求：（1）学生社团开展活动，必须遵守国家法律法规和校规校

纪;（2）学生社团要根据自身特点并结合实际，自主创新，积极开展和举办形式多样的阳光社团活动;（3）社团活动前要制定工作计划，简要注明本学期拟开展的活动计划，报学校教导处审核。经审批同意后，各社团才能执行活动计划;（4）各社团开展活动要紧扣社团宗旨，以提高孩子的技能为根本出发点，不得开展有悖于本社团宗旨的活动;（5）社团活动要符合大多数孩子的兴趣和意愿;（6）学校每学期举办一次社团活动经验交流会、一次社团活动汇报展示。对社团辅导老师进行课时补助，对优秀的社团与孩子进行表彰、奖励。

五、做活"阳光校园"，落实环境隐形课程

阳光学校就是要创建美的环境，开发美的课程，让师生做人要求真、做事要求善、人生要求美；让师生在美的氛围中开启智慧的法门，以真善美启心、以心启智。这中间，环境隐形课程起着重要作用。我校环境阳光隐形课程包括校园生态环境、校园文化布置、校园建筑景点、校园精神文化、校园管理文化等，是我校阳光课程的重要体现。

1. 校园生态环境。我校生态环境采用生态学的基本原理与方法，校园的规划、设计、建设均符合人与自然关系和谐共处的基本要求。校园环境生态结构合理，处处体现阳光活力与勃勃生机，生活学习期间，不自觉的就有一种阳光课程的浸润。

2. 校园文化布置。在阳光课程的模式下，围绕"让每一个孩子内心充满阳光"的办学理念，我校文化布置进行了系列设计。这些设计充分体现了我校"七彩阳光课程"和浓郁的文化氛围。

3. 校园建筑景点。现代校园要求各建筑物之间能联络方便，保持通畅、便捷。我校各类建筑物的设计也完全符合现代校园所制定的标准。校园的各类建筑均采用集中式的布局，建筑群体也多以成群的方式组合，减少楼间距，看起来大气美观的同时也能做到联络方便。各个相对独立的区域之间，也都打通了分割界线，而且室内外都设有方便的连廊和通道，使建筑群体在整体上能联络通畅的同时也能保证各建筑群体能便捷地进行交通交流和传递。

4. 校园精神文化。在多年的办学过程中，我们进一步强化"阳光教育、灵动成长"的办学思想和理念，加强教师队伍建设和孩子德育建设，扎实做

好课堂教学，课内和课外教育相结合，进一步践行"扎实、有序、创新"三大工作要求，促使学校各项工作再上新的台阶。

5. 校园管理文化。为使我校校园文化建设能真正达到育人的目的，我校除了认真贯彻和执行《教师法》《义务教育法》《中小学教师职业道德规范》《小学生守则》等规章制度以外，学校还建立了《合肥市金湖小学教育教学管理制度》《合肥市金湖小学学生作业管理制度》《合肥市金湖小学学生社团管理制度》《合肥市金湖小学图书管理制度》《合肥市金湖小学绿植护养制度》《合肥市金湖小学公物管理制度》等，各类制度的制定和实施为我们的师生营造了一个有序、和谐、舒适的工作、学习、生活环境。

六、聚焦"阳光文化"，落实专题教育课程

专题教育课程是指在阳光教育的课程哲学下，学校根据条件、需要所开展的集中主题的专项教育活动，主要包括日常行为规范的养成教育、心理健康教育、思想品德教育以及体育、文艺、科技等专题专项教育等，这一类活动，主题鲜明、活动规模较大、受到教育的孩子面较广、教育效果也比较好。我校专题教育课程的具体安排如下（见表2-4）：

表2-4 合肥市金湖小学专题教育课程的具体安排表

课程名称	课 程 内 容	课 程 实 施	课 程 评 价
校园文化艺术节	1. 乐器（民乐、西洋乐）大赛；2. 绘画（版画、儿童画等）比赛；3. 经典诗文朗诵比赛；4. 合唱节、舞蹈展演；5. "六一"文艺联欢晚会	校园文化艺术节主要由德育处规划设计，具体操作由相关的教研组完成。	1. 评委评审打分确定等次；2. 颁发荣誉证书；3. 集体荣誉会在当月的文明班级里按照方案加相应的分数；4. 才艺突出的直接参加"六一"文艺汇演
三月文明月活动	1. 开展"我是文明小卫士"活动；2. 组织孩子到金色池塘社区义务劳动；3. 利用升旗仪式和红领巾广播站宣传具有雷锋精神的好人好事和播放爱国主义歌曲；4. 出一期文明礼貌月黑板报；5. 评选出"文明礼仪之星"。	1. 少先队孩子干部利用课余时间，由大队辅导员和大队长带领孩子干部参加活动；2. 中队辅导员组织孩子出黑板报；3. 学校统一布置、督促、评比、宣传。	1. 黑板报由美术组老师打分检查，在当月的文明班级评比中加相应的分数；2. 橱窗展出"文明礼仪之星"、校级颁奖。

课程名称	课程内容	课程实施	课程评价
暑假校外实践生活	1. 开展雏鹰假日小队活动 2. 参加"暑假读一本好书"征文活动	1. 各中队组织孩子开展有意义的假期实践活动，拍照做成小册子。2. 推荐书目，鼓励孩子利用假期多阅读好书，并及时把感想记录下来，写成文字。	1. 开学评比，优秀的雏鹰假日小队将被推荐到蜀山区参加评比。2. 参加合肥市"暑假读一本好书"征文比赛。
建队日我爱红领巾活动	1. 利用升旗仪式开展一次全体少先队员了解队史、敬队礼、唱队歌、戴红领巾、重温入队誓词等活动；2. 开展一次全校性的少先队入队前的相关知识教育；3. 建队日当天给少先队员和全体教师佩戴红领巾，师生共度建队日；4. 一年级新队员入队仪式。	建队日庆祝活动，主要由少先队大队辅导员组织班主任和少先队学生干部来完成。	1. 队会课由少先队学生干部评比打分开展情况。2. 新队员入队仪式邀请家长参加，见证孩子参入的第一个组织。
行为规范训练主题活动	1. 进校沿主干路上的白线进入教学楼，放学排队出校门；2. 进校就进班，朗读经典诗文；3. 每学期报到当天下午以班级为单位进行行为训练。	上学放学行为由每日值日领导负责，由学生干部负责检查。其他的行为训练由班主任负责，注重平日的升旗仪式和大课间时期的集合。	大队干部每日检查，打分汇总，列入文明班级评比。
春秋季节郊外亲近大自然研学主题活动	1. 去有意义的地方进行户外实践活动；2. 进行专题场馆参观学习活动。	1. 按区教育局要求招标程序确定旅行社；2. 确定主题、实施方法。	回来后利用班会课让孩子谈感受。
精彩运动会主题活动	1. 入场式评比；2. 田径比赛；3. 教师拔河比赛。	体育组组织，班主任配合训练。	1. 颁发个人奖、团体奖；2. 评道德风尚奖；3. 按等级颁发出场仪式评比奖状。
校园图书角主题活动	1. 利用周会课开展"好书推荐"活动；2. 以班级为单位，向学校图书馆借书；3. 课间提倡到图书角安静阅读。	主要由图书管理员和班主任共同完成。	1. 每学期开展一次"读好书有感"交流活动；2. 评选"阅读之星"，并颁发荣誉证书，在橱窗宣传。

七、建设"阳光体育"，落实健康教育课程

为了促进我校体育文化的丰富性，我们除了认真上好体育课、做好两操外，还结合实际大力开发"阳光体育"课程资源，充分利用现有的体育器材设施，结合体育教师的教学实际，选择了孩子喜爱的运动项目，如篮球、轮滑、啦啦操、手球、校园创编操以及各类特具地域特色的体育游戏等内容，建立了阳光体育课程。

"阳光体育"课程是学校体育与健康课程以及校园阳光体育活动的综合。课程是以走向操场、走进大自然、走到阳光下，积极参加体育锻炼为主要手段，以学习体育知识、技能方法为主要内容，以培养孩子优秀的思想品德、完善的智力发育、高尚的审美情趣为主要目标的课程。

"阳光体育"活动主要有两个关键点：① 阳光下（操场上、大自然中、户外）；② 充满活力（体魄强健、意志坚强）。我校的阳光体育教育课程，主要是在阳光教育的课程理念下，开展的一系列具有金湖小学特色的活力向上的体育活动课程。阳光体育课程建设是贯彻落实立德树人、健康第一教育理念的时代要求，是落实"阳光教育，灵动成长"办学特色的具体体现。

1. 开展阳光大课间活动。在做好两操的基础上，学校创编了韵律操、健身操、轻器械操等各种体操训练，极大地丰富了大课间活动的形式，提高了孩子进行体育锻炼的积极性。通过丰富的阳光大课间体育活动形式将健康体育、养成教育、艺术教育和健康教育引入孩子的日常体育活动。在每天上午第一节课后组织安排30分钟的大课间活动，包括"七彩阳光"广播体操、"金色阳光"创编操以及环形跑游戏、舞蹈、趣味活动（如跳方格、踢毽子）和快乐园活动。这种大课间体育活动，不仅活跃了学校气氛，扭转了沉闷的教育局面，也有力地促进了校园精神文明建设。我校通过每学年举行一次校内队列、队形和课间操比赛，检查督促各班操化标准度；同时，积极选拔人员，组织参加省级、市级大课间评比，并获得省大课间评比一等奖的优异成绩。

2. 推进课余阳光体育社团活动的开展。课余体育社团训练与开展阳光体育运动，两者紧密联系、相辅相成。我校开展的体育社团有手球社团、轮滑

社团、篮球社团、排球社团、啦啦操社团等。将面向全体孩子的阳光体育活动和提高课余体育社团训练水平有机结合起来，通过更加广泛的群体、竞赛活动形式夯实课余体育社团训练的基础，通过课余体育社团训练、竞赛活动带动和促进孩子参加阳光体育活动。

3. 在各项体育比赛中渗透阳光体育理念。学校通过举行趣味运动会、校园足球联赛、校园篮球联赛、校园创编操等比赛，来激发孩子参与体育活动的积极性。同时建立体育竞赛的激励机制，对取得好名次的孩子进行奖励，不断丰富孩子阳光体育活动的形式和内容。

总之，我们开展阳光教育，打造阳光谷课程，让孩子们的童年如朝阳一般充满希望，让生命的活力充分涌流。

（撰稿者：司武刚　王士春　王兴美　刘小平）

第三章

哲学总是"历史的哲学",历史是"哲学的历史"。提炼学校课程哲学,必须冷静而理性地审视学校历史与传统,了解学校文化。只有当我们透过历史看哲学,看懂历史中内蕴的哲学,只有当我们对学校历史和传统有清晰的认知,对未来走向有足够的预见和把握,学校课程发展才会有明确的方向,我们才能提炼出符合学校实际的课程哲学。

从学校历史文化中发掘

学校课程哲学的形成与学校历史及课程发展的传统与现状紧密结合。提炼一所学校的课程哲学，必须冷静而理性地审视学校的课程历史与传统，了解学校文化，使全校教师对学校传统和未来走向有清晰的认知，有明确的方向感、责任感，形成正确的课程观，并结合学校课程发展的新环境与新要求提炼学校现实的课程哲学。

哲学总是具体时间的哲学，历史总是内蕴着具体的哲学思想。因此，哲学总是"历史的哲学"，历史是"哲学的历史"。学校课程开发建立在学校历史和发展的基础上，充分体现了学校文化和教师智慧对课程的影响，最能体现学校课程特色，也是学校课程哲学的可取之路。

合肥市第十七中学的课程哲学是在五十多年的无心积累与有意发掘中形成的。学校以艺术作为办学特色，经历了美术教育—艺术教育—审美教育的发展历程。在艺术特色成为十七中的一张名片的同时，十七中学作为一所普通中学，着眼于全体学生的全面发展，既注重提高艺术生的专业素养，也注重文化班学生审美素养的养成与提升。学校紧紧围绕"美"做文章，将"大美教育"作为一种不懈的办学追求，并将其确定为学校的教育哲学。学校认为课程应坚持"向美而行，自由生长"的课程理念，创建师生互动、生生互动，共同发展的课堂。

为实现大美教育，学校非常重视课程建设，一直坚持开发实施具有十七中特色的一系列校本课程，如高一年级的入学教育课程、安全教育课程、交通法制课程、研学游课程、绘画课程、书法课程、手工课程；高二年级生涯课程、课本剧课程、电影欣赏课程、英语嘉年华课程；高三年级的砺志课程、感恩母校课程等；学校还开设丰富的社团课程。扎实多样化的学科课程为学生施展才华、张扬个性提供了广阔的舞台。

（撰稿者：王　莹）

文化坐标　合肥市第十七中学

课程哲学　向美而行，自由生长

合肥市第十七中学于1969年建校，原为合肥市属市级示范高中，2010

年划为蜀山区管理，同时下划的还有原市属学校合肥三十四中。2015年蜀山区教体局对两所区属高中进行整合，从2016年起分三年时间将三十四中教师分批调入十七中，合并为蜀山区属的合肥市第十七中学。学校有103名教职工，近1 600名学生，36个教学班。近年以来，学校秉承"多元发展，凸显特色"的办学追求，在课程改革、艺体教育、德育和教学质量等多方面均获得了大面积的提高：2013至2016年，连续三年获合肥市普通高级中学教育教学质量评价二等奖；2015年12月获得"安徽省绿色学校"荣誉称号；2016年8月，获"合肥市中小学德育工作先进集体"荣誉称号；2016年9月，被蜀山区委、区政府授予"教育创新团队"称号；2018和2019年获合肥市普通高级中学教育教学质量评价二等奖。

第一节

天地有大美而不言

一、学校教育哲学：大美教育

十七中学位于蜀山区中心地带，远山如黛，近水似练，环境优美，文化积淀深厚，周边沃野绵延，人杰地灵，育人在此，大美于斯。在党的十八大提出打造美丽中国的倡导下，《中共中央关于全面深化改革若干重大问题的决定》明确了教育的根本任务是"立德树人"，并且提到"改进美育教学，提高学生审美和人文素养"，因此，美育教学在培养创新人才方面具有重要意义和独特作用。根据合肥市创建"美丽校园"的要求，结合十七中办学五十年历史，学校以艺术作为办学特色。作为一所普通市级示范高中，十七中为了全体学生的全面发展，在注重提高艺术素养的同时，也加强审美素养的培养。以"美"育人不仅发展了学生的智力，也提高了学生的艺术素养。教育是以培养人为本质的活动，是一项求真、求善、求美的事业，目的为对受教育者产生积极的影响，使其成为人们所期望的完美之人，所以更应该按照美的规律来进行，以"美"来引导整个教育。基于此，学校以"美"为中心，不懈追求"大美教育"。以"大美教育"为核心，培养学生各方面的基本素养，使学生得到全面发展，为成为完美之人打下坚实的基础。

庄子在《庄子·外篇·知北游》中有言："天地有大美而不言。"这是关于"大美"思想最早的文字记载。世间万物很多都能呈现给人美的感受，但不一定能谓之"大"。用庄子在《庄子·外篇·天道》中的话说："美则美矣，而未大也。"他认为"大美"应该是美中之大者，即更充分、更高级、更宏大的美，也就是最高最大的美。

"大美教育"的内涵和美的本质密切相连。美包括三层含义：一是审美对象，即美的东西；二是审美属性，即美的特征；三是美的本质和规律。基于此，"大美教育"即是为引导学生通过感知美的存在，唤醒对正价值原型记忆而获得的对正价值的感官体验。"大美教育"，美者，涵美德美行，兼感性理性，旨在品德化教育中成就德才兼备、言行美好之人；大者，喻广喻高，意指德行至美，品高志远，愈知愈广，渐行渐高。我们将庄子的"大美"思想与现代教育理念相结合，提炼出"求真、至善、尚美"的精神内涵。"大美教育"就是要通过构建"以美育德、以美启智、以美健身"的特色育人体系，从而建立以音、体、美、艺术教育为特色优势的人才培养模式，培养学生在探索中觅真知，在互爱中蕴伟大。我校要在践行社会主义核心价值观的过程中，让学生在参与和体验中收获自信，在个人自主的设计和努力下，完善人格的养成，成为自立的人，成为一名服务社会的公民，一名在美丽合肥建设中有着强健体魄、良好生活态度、可持续发展能力和美丽心灵的劳动者。

"大美教育"是求真的教育。真教育是一种亲近人民万物，在大自然、大社会里办的教育。"千教万教教人求真，千学万学学做真人"是陶行知先生做人的准则。他认为，"先生不应该专教书，他的责任是教人做人"。

"大美教育"是至善的教育。至善于行，一个人的涵养和美德，是从个人的善良、善心、善举中体现出来的。至善的教育就是生命的教育。应该在每个学生的心中植入善的因子，让孩子的生命因善的教育而绚烂。用善的教育启发、引导、教育学生，为学生的健康成长扬帆。教育学生与人为善、善待亲人、善待朋友、善待他人、善待自我。

"大美教育"是尚美的教育。融美于心，外在的美固然不错，唯心灵美才更美，教育之美在于其对人的影响是自然而然、水到渠成、润物无声的，并不留下教育的印迹。

二、学校课程理念：向美而行，自由生长

我们认为，课程即生命成长、课程即体验探索、课程即美的分享、课程即个性生长。

——课程即生命成长。教育的本质属性是培养人，教育是以生命影响生

命、以思想影响思想的过程。作为师生教学与学习生活的主要场所，学校教育应该为师生生命质量负责，追求生命的成长就是课程的价值。在教育教学实践中，关注师生共同的生命发展，促使师生不断追寻人生意义，寻找自身存在的价值。教育学生珍爱生命，感悟生命的美好，形成核心价值取向，从而体现自己的人生价值。学校要为师生的生命美奠基。

——课程即体验探索。课程应以体验式教学方式为主，注重操作性，在体验的基础上，以角色演练、情景模拟等多种形式展开，让学生在做中学、学中做。课程是"体验课程"。每一位教师和学生在教育情境中，对课程都有自身的见解，教师与学生在课程实施的过程中一起构建了适合其个性发展需要的、积极的过程。

——课程即美的分享。学校的核心任务是"教"与"学"的过程，具体来讲是教与学的统一，即立美与审美的统一。立美活动应该是教师的教的活动，审美活动应是学生的学习活动。学生作为立美主体，他们的审美活动包含在教师的立美之中；教师作为审美主体，对学生的审美活动有创造作用。因此，如果教师和学生做到了"赏美"，则教师的立美与学生的审美活动就实现了互融的效果。

——课程即个性生长。课程主张积极向上、自由个性的教育。自由个性是一种积极向上的鲜活个性，是一种意气风发的精神状态；自由个性是不拘一格地塑造人才；自由个性是一种自信，是一种勇气。开发各种能发挥学生个性、彰显学校特色、具有实践功能、蕴含美育教育的开放课程和生活课程是对每一个生命的尊重。

总之，课程应是通过教师和学生的互动，以及学生和学生的互动，进而打造师生共同成长的课堂。这样的课堂不仅关注了知识的生成，也兼顾了学生的情感体验和能力的提升；体现了课堂教学的丰富性、开放性、灵活性，激活了师生的创造力和智慧潜力，从而使课堂焕发出生命活力。基于上述理解，我们秉承如下教育信条：

我们坚信，

教育是美的事业；

我们坚信，

美是心智启蒙的钥匙；

我们坚信，

每一个孩子都是美的使者；

我们坚信，

学校是分享美好时光的地方；

我们坚信，

带领学生走向美好人生是教育的使命；

我们坚信，

向美而行，自由生长是学校教育最美的图景。

第二节

体悟生命意义与感悟美好生活

课程是学校育人的主要载体，是实现培养目标的主要方法与途径。我们积极践行"大美教育"哲学，确立学校的育人目标和课程目标。

一、学校育人目标

基于学校教育哲学和办学理念，合肥十七中的学生应该是"善美"的，具有感恩的情怀、善良的品质、担当的意识、合作的精神；应该是"智美"的，拥有良好的学习习惯、端正的学习态度、批判精神、创新意识与能力；应该是"体美"的，拥有拼搏的精神、坚韧的毅力、良好的心态、坚定的意志；应该是"情美"的，具有良好的生活方式、高尚的道德情操、高雅的生活情趣、深厚的人文素养。

二、学校课程目标

为了体现"大美教育"特色，学校在国家课程基础上，围绕学校"求真、至善、尚美"的培养目标，开发系列课程，以美育人，让学生在赏识美、表现美、建造美的课程学习中，弘扬美德，丰富自己的学习经历，提高自己的智力水平，具备良好的道德情怀和创新能力，领悟到生命的真谛、生活的美好（见表3-1）。

表3-1　合肥市第十七中学分年级课程目标表

年级 目标	高 一 年 级	高 二 年 级	高 三 年 级
美德修身	爱惜自己，感恩父母、师长和同学，基本认识自己，初步规划个人发展。	感恩学校和感恩父母，明确自身的发展方向，对社会具有一定的责任感和使命感。	热爱祖国、热爱大自然，敢于担当社会责任，超越自我。
美智语言	学习人文素养和语言类的基础知识、基本技能和基本方法。	领悟基本学习方法，做好深度学习准备，并具备一定的人文素养和语言能力。	获得较高层次的合作、探究、自主学习的能力，具备较强的文本阅读能力、语言交往应用能力。
美慧科创	学习科学基础的文化知识、基本技能和基本方法。	掌握学习科学基础的基本学习方法，并具有一定该方向的专业能力。	获得较高层次的合作、探究、自主学习的能力，具有较强的创新能力和创造才能。
美雅艺术	具有一定的艺术欣赏基础，形成健康的审美情趣。	在艺术方面具有兴趣特长和表演能力，具有一定的审美能力，为艺术方向的深度学习打下基础。	具备高雅的生活情趣，为发展较高水平的审美意识、较强的艺术表演能力打好基础。
美健运动	具有一定的运动基础，建立健康的心理基础。	培养体育方面的兴趣特长，每天养成运动的习惯，具备一定的运动水平和良好心理。	具有坚强的意志、较高水平的体育运动能力和良好的心理基础。

第三节

让每一个孩子拥有丰富之美

学校课程设计要为学生指引明确的发展方向，要体现学校的实践历程，在学校现有文化基础上进一步完善学校的课程框架，实现学校的发展愿景，让每一个孩子拥有丰富之美。

一、学校课程逻辑

我们遵循"以美立教，立美育人"的办学理念，以培养"善美、智美、体美、情美的大美文化学生"为育人目标，形成如下课程逻辑体系（见图3-1）。

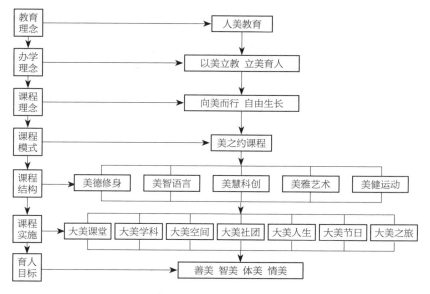

图3-1　合肥市第十七中学课程逻辑示意图

二、学校课程结构

未来学生发展的出路是基于学校的课程结构，对于学生的培养任务可定位为三个层面：合格公民、专业人才、杰出人才。与此相应，我们对课程结构进行整合，进一步拓宽整合教育资源，加强学科基础课程、完善素质发展课程、深化个性发展课程，从而创造性地形成了合肥十七中课程的"三层五类"（如下图3-2）。

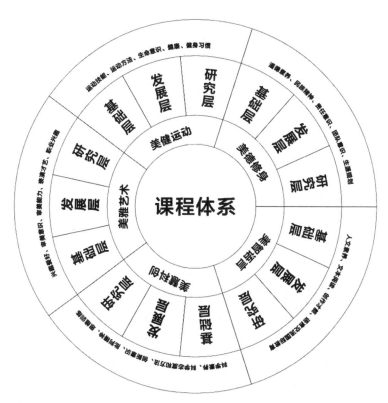

图3-2 合肥市第十七中学"美之约课程"结构图

课程体系中的"三层"即基础层、发展层、研究层，"五类"即"美智语言课程（语言类课程）""美慧科创课程（科学类课程）""美雅艺术课程（艺术类课程）""美德修身课程（社会类课程）""美健运动课程（健康类课程）"，对于不同层次、不同潜能的学生的多元化发展需求都能得到满足，形成了学校课程结构。

三、学校课程体系

根据"美之约课程"结构示意图，结合课程资源现状，学校对课程的内容体系进行了系统建构，形成"三层五类"课程体系。其中三个层级、五个类别的课程目标取向各有侧重，在分层课程设置中满足不同发展层次的学生的需求，层内五个类群内容紧密联系、相互补充，形成了对个性特长和谐发展都注重的课程体系（见表3-2、3-3、3-4）。

表3-2　合肥市第十七中学高一年级课程设置表

类别 / 层次	美德修身	美智语言	美慧科创	美雅艺术	美健运动
基础层	新生入学教育	语文（必修1、2、3、4）	数学（必修1、2、4、5）	音乐	体育与健康
	新生军训	英语（必修1、2、3、4）	物理（必修1、2）	美术	课间跑操
	心理健康教育	思想政治（必修1、2）	化学（必修1、2）	书法	阳光运动
	法制安全教育	历史（必修1、2）	生物（必修1、2）	文化艺术节	运动会
	环境保护教育	地理（必修1、2）	信息技术、通用技术		
发展层	传统文化教育课程	《中国现代诗歌散文欣赏》	科技创新活动	合唱团	乒乓球
	家庭教育课程	《论语》选读	STEAM课程	播音主持	足球
	国防教育课程	《中国最美古典诗词》	机器人与编程	历史话剧	篮球
	礼仪教育课程	《中国当代小说赏析》	生物模型与设计	风景写生	排球
		《高中英语趣味阅读》	无人机与航模	表演与编导	健身操社团
研究层	生涯规划课程	《国学经典与人生修养》	校园科技节	《中国传统艺术鉴赏》	运动与健康
	职业体验课程	《从汉字看古代生活》	科技创新的优化	《中国传统音乐鉴赏》	
	艺术与人生	《站到云端看人生》	小课题研究展示	《艺术舞蹈》	

类别／层次	美德修身	美智语言	美慧科创	美雅艺术	美健运动
研究层	社会主义核心价值观课程	《静观热点·轻松作文》	PBL学习成果展示	《素描造型基础》 《国风戏韵》	

表3-3　合肥市第十七中学高二年级课程设置表

类别／层次	美德修身	美智语言	美慧科创	美雅艺术	美健运动
基础层	传统美德教育	语文（必修5）	数学（必修5，选修2-1）	音乐专业学生集中课程	体育与健康
	志愿服务	英语（必修5）	物理（选修3-1）	美术专业学生集中课程	课间跑操
	心理健康教育	思想政治（必修3、4）	化学（选修4）	传媒专业学生集中课程	阳光运动
	仪式典礼课程	历史（必修3、4）	生物（必修3）	文化艺术节	运动会
	绿色环境教育课程	地理（必修3、4）	信息技术、通用技术		体育专业学生集中课程
发展层	导师选科指导课程	《唐诗赏析》	《趣味数学》	素描	乒乓球
	艺术学生升学指导课程	《红楼梦》解读	《数学史话》	水彩	足球
	校园文化	《中国传记类文学研读》	《物理学家的各色人生》	书画赏析	篮球
	党团教育课程	《中国古代文化选讲》	《"玩"转物理 "玩"出精彩》	声乐	排球
		《外国小说欣赏》		器乐	健身操社团
研究层	《哲学与人生》	《赏美文·品文化》	《数学审题指导》	乐理	运动生理学
	感恩父母和老师教育	《赏文物·品历史》	《物理审题训练》	视听练耳	运动项目成果展示

（续表）

类别 / 层次	美德修身	美智语言	美慧科创	美雅艺术	美健运动
研究层	《职业生涯规划的确立》 《中国哲学智慧》	《中外文学名著及其影片欣赏》 《影视与文学创作》	《化学学法指导》 《生物学法指导》	走进艺术大师	运动项目成果展示

表3-4　合肥市第十七中学高三年级课程设置表

类别 / 层次	美德修身	美智语言	美慧科创	美雅艺术	美健运动
基础层	人生规划初步确定	语文（选修）	数学（选修）	高考音乐专业的学生集中课程	体育与健康
	节日、纪念日课程	英语（选修）	物理（选修）	高考美术专业的学生集中课程	课间跑操
	心理健康教育	思想政治（选修）	化学（选修）	高考传媒专业的学生集中课程	阳光运动
		历史（选修）	生物（选修1、3）	文化艺术节	运动会
		地理（选修）			高考体育专业的学生集中课程
发展层	社会调查	《朗读与演讲入门》	《虚拟世界技术（VRML）》	《国风戏韵》	快乐乒乓球
	校园管理	《对联欣赏》	《创意手工》	国画	快乐足球
	校园美化	《外教口语》	《物理学家的智慧》	版画	快乐篮球
	《破译财富的密码》	《英美文化欣赏》		《民乐演奏》	快乐排球
		《阅读与写作》		《软笔书法》	健身操社团
研究层	18岁成人礼教育	山水田园文化与山水田园情结	《悟身边物理享现代生活》	《素描造型基础》	运动与损伤

（续表）

类别 层次	美德修身	美智语言	美慧科创	美雅艺术	美健运动
研究层	社会责任和担当教育	读唐诗行天下——品唐诗中的地理	《化学材料与生活》	《中国传统舞蹈艺术鉴赏》	运动项目成果展示
	《职业体验课程》	《两次世界大战中的经典案例》	《人工智能与生活》	艺术成果展示	

1. 基础性课程的内容与要求是培养合格的社会主义公民。一是着力培养学生的"求真""至善""尚美"三大品质；二是着重"四基"即基础知识、基本技能、基本方法、基本活动经验的落实，并促进其日后的个性发展；三是让学生保持身心健康，具有健康的生活情趣，具备基本的公民素养。

2. 发展性课程内容与要求是培养各行业合格的专业人才。该体系重视担当精神的培养、基本方法的学习、基本思想的培育，在科学、人文、艺术、体育素养综合发展的基础上，结合国家创新型人才的需求，通过相关学科的深度学习，养成学生继续学习的能力，为将来成为国家所需的专业人才作准备。

3. 研究性课程内容与要求是培养杰出人才。该体系重视学生创新能力、领导能力和批判精神的培养，让学生明确自身的社会责任，为他们在大学阶段和未来社会中发挥作用作准备。

课程即分享美好时光

在我们学校，课程即分享，即享受美好时光。课程实施体现了学校对课程理念的贯彻与执行，要求学校为学生创造充满人文气息、平等、和谐的学习环境，使之成为学生发展自我的外驱动力。

一、构建"大美课堂"，有效实施课程

课堂教学是课程实施的基本途径。课堂教学优化的关键是建构与自己学校实际情况相适应的课堂形式，从而使学生得到全面发展。根据我校"大美教育"哲学，我们积极倡导"大美课堂"。课堂上要求教师在教育教学过程中，给学生营造和谐、充满人文气息的学习环境，充分尊重学生、爱护学生，让学生体验到学习的美和乐，获得身心的全面发展和学业进步。"大美课堂"可释义为饱满、自然、丰富、灵动、高效、创意的课堂。

学校以自主、合作、创新的学习方式，以学科教师为团队，通过校本研修、课堂实践和课题研究三条途径提升课堂品质，实现"大美课堂"和美共生的简约高效之美。

途径一：校本教研，提升之本。学校始终关注以"校本培训"为途径，组织各级教育教学培训来提升教师的整体素质，通过沙龙教研、案例分析、交流座谈、专题研讨、专家讲座、帮带培训等形式使校本教研有效开展，深入落实。

途径二：立足课堂，抓好根基。学校立足"四课"，即"备课、上课、听

课、评课"；注重"五要点"，即"了解起点、把握重点、凸显难点、解决疑点、凸显亮点"，打造设计与优化、对照与比较、反思与改进、探索与实践的课堂。

途径三：课题研究，深入推进。以课程建设开发为契机，围绕"大美课堂"，学科教研组确立共同的课题研究并制定研究方案，教师个人的研究主题与组内的课题研究同时推进。

"大美课堂"的评价机制基于"大美课堂"的六个要义，从学习的目标、内容、过程、方法、评价和文化六个方面构建，用丰富的教学手段打造动态课堂，用简约的学习方法引导学生乐学、善究、好学，立足课堂学习方法和课程学习能力，落实"向美而行，自由生长"的课程理念。

——饱满的学习目标：教师"引"的思路清晰，学生"学"的目标明确。建立与课程标准要求相符合、清晰、可检测的学习目标。

——自然的环节设计：设计聚焦目标达成的明确的学习任务，应用恰当的技术手段创设恰切的情境，唤醒学生的已有知识与以往的生活经验，充分释放学生的已有知识和经验情感。

——互动的学习过程：学习环节设计环环相扣、节节呼应，按照"自学质疑—有效生成—群学优化—反馈互动—达标测评"的设计步骤分层进行。在时间分配上，学生参与自主学习交流、互动的时间不少于课程时间的三分之一。

——丰富的学习内容：在选择学习内容上，要做到容量适度，准确掌握住重难点。学习方式多样化，自学、组学、群学合理运用，并给予学法指导，体现学生自主学习、探究学习、合作学习的学习方式。

——高效的学习评价：学习不仅注重过程，更加注重多元发展，对学生进行思维调练和达标训练。

——创意的课堂文化：通过改进课堂教学的手段，探索有效互动的学习方式，助推学习有效性，真正实现和和美美、各美其美的课堂学习。基于此，我们建立了合肥十七中的"大美课堂"评价量表（见表3-5）。

表3-5 合肥市第十七中学"大美课堂"评价量表

评价内容		评 价 细 则	等级
一	饱满度方面（10分）	1.目标设置：教师"导"的思路清晰，学生"学"的目标明确。 2.层次划分：知识与技能的达成目标，过程与方法的揭示目标，情感与态度的孕育目标，能力与素质的发展目标。	
二	自然度方面（20分）	1.环节设计：课前先学有体现，设置情境、激发动机、展开过程、巩固训练、发展提高、达标检测；每一环节学生都有事做。 2.时间分配：保证学生有足够的参与活动、自主学习的时间。	
三	互动度方面（10分）	1.师生互动：师生要有激情，课堂气氛要和谐，具有学术研究氛围。 2.学生参与：学生思维活跃，多种感官参与学习过程，能愉快地获得新知。	
四	丰富度方面（30分）	1.内容选择：教学容量适度，重难点把握准确。 2.呈现方式：能有效地整合三维目标，突出能力培养。 3.教法优化：教法设计合理，教学方式多样化。 4.学法指导：指导学法得当，体现自主学习、探究学习、合作学习的学习方式。	
五	高效度方面（20分）	1.思维训练：课堂容量要大，学生思维积极主动、慎密有效，课堂练习要有梯度，切实达到巩固新知的效果。 2.达标训练：能及时反馈练习，教学目标达成率高。	
六	创意度方面（10分）	1.创造性：导学过程设计新颖，富有创造性。 2.艺术性：导学不出现"超导"与"滞导"现象，艺术性高。 3.生动性：导学具有感染力，课堂教学深刻、生动、形象。	
备注		等级设置： 总分85分以上为优秀；75—85为良好；60—75为一般；60分以下为不合格。	

二、建设"大美学科"，丰富学校课程

1."大美学科"的建设路径是"1+X"学科课程群。根据学校实际的师资力量，倡导教师结合自身特长，以所授科目为原点设计学科特色课程："1+X"学科课程群："1"是国家基础性课程，"X"是指个性化发展的

拓展性课程。我校从两方面入手：一方面通过分析学科内部或学科之间的联系来构建学科课程群；另一方面充分挖掘合肥十七中的地域特色来组建多门学科。各学科基于特色追求，教师根据对学科的独特理解以及学科的独特优势、独特资源来开发课程、汇聚课程群、打造特色课程群。开设的课程主要有醇美语文、达美数学、唯美英语、寻美地理等。通过这些课程的开设，发展和培养学生的兴趣爱好，激发学生的学习潜能，陶冶学生情操，促进学校办学特色的形成，为学生学习研究型课程积累更广阔的知识与经验、能力与方法，帮助学生养成良好的个性品质。学科团队进行有效教研有利于推动学校教学方法和教学内容的改进，有利于老教师和年轻教师相互学习教学经验，有利于增进学校各方面工作的协调，从而提高学科的品质。

2."大美学科"设置了六大评价要求：（1）"大美学科"有独特的学科理念。提炼和形成独特的学科理念有利于形成学科特色。（2）"大美学科"有基于特色学科理念的学科建设方案。撰写基于特色学科理念的学科建设方案。（3）"大美学科"有丰富的课程内容，满足学生多元发展的需求。课程内容丰富的内涵和外延是满足学生日益发展的学习需求的产物。多元的课程内容满足了学生的学习兴趣，充实了学生的学习生活，丰富了学生的学习体验。（4）"大美学科"有高品质的学科教学质量。以正确的教学目标为前提，以丰富的课堂活动为主线，以提高学生的自学能力为保证，以深度的课后反思为助推。（5）"大美学科"要有意识地进行学科学习及学法指导。重点放在培养学生良好的学习习惯上，注重对他们进行学习方法、学习能力的指导和训练。注意教法和学法相结合，课内与课外相结合。（6）"大美学科"要有高效的学科教研和学科团队建设。建立有效的学科团队教研机制是教学资源有效整合和推进课程有效实施的有效形式。

三、创设"大美空间"，落实创客教育课程

STEM课程框架中包含了科学、技术、工程和数学素养等方面，后来又与"art"结合提出STEAM教育理念。十七中将"STEAM"作为我校的一门校本课程进行开发（见表3-6和表3-7）。

表3-6 合肥市第十七中学"大美空间"课程授课计划表

授课年级	授课内容	授课目标	授 课 计 划
高一年级 （共30讲， 两学期 完成）	水火箭	引导学生关注航天、火箭相关知识，理解其飞行原理和动手制作火箭模型。	第1讲　认识火箭
			第2讲　制作火箭模型
			第3讲　水火箭制作原理
			第4讲　制作水火箭
			第5讲　让水火箭起飞
			第6讲　记录与分享
			第7讲　项目报告
	智能小车	初步了解Arduino板的结构以及duinoplus编程方法。同时完成一定的目标任务。	第8讲　智能小车初探
			第9讲　装配智能小车
			第10讲　编程控制电机旋转
			第11讲　认识碰撞传感器
			第12讲　碰撞传感器启动和停止小车
			第13讲　红外传感器检测障碍
			第14讲　灰度传感器
			第15讲　智能小车接力项目一介绍与要求
			第16讲　分组确定研究方案
			第17讲　项目一制作（一）
			第18讲　项目一制作（二）
			第19讲　小车接力测试与调试
			第20讲　分组比赛
			第21讲　项目报告
			第22讲　分享与反思
			第23讲　智能小车项目二介绍与要求
			第24讲　分组确定研究方案
			第25讲　项目二制作（一）
			第26讲　项目二制作（二）
			第27讲　小车接力测试与调试
			第28讲　分组比赛
			第29讲　项目报告
			第30讲　分享与反思

授课年级	授课内容	授课目标	授 课 计 划
高二年级（共26讲两学期完成）	智能小车创意开发	在智能小车的基础使用上，提升学生动脑和动手能力以及创新能力。	第31讲 智能小车总结反思
			第32讲 智能小车新项目研讨（一）
			第33讲 智能小车接力研讨（二）
			第34讲 确定智能小车项目三方案与要求
			第35讲 项目三制作（一）
			第36讲 项目三制作（二）
			第37讲 小车接力与调试
			第38讲 分组比赛
			第39讲 项目报告
			第40讲 分享与反思
			第41讲 总结与回顾
	传感器创意开发	深入了解传感器的用途以及linkboy编程，并能够根据生活实践形成创意，选择适当的传感器进行实践。	第42讲 Arduino板与linkboy介绍
			第43讲 主控板类项目
			第44讲 按键类项目
			第45讲 声响类项目
			第46讲 Led灯项目
			第47讲 数码管和点阵类项目
			第48讲 液晶屏类项目
			第49讲 触发传感器类项目
			第50讲 数值传感器类项目
			第51讲 创意说明与分享
			第52讲 创意实践（一）
			第53讲 创意实践（二）
			第54讲 成品展示
			第55讲 项目报告
			第56讲 评估与测试

表3-7 合肥市第十七中学"大美空间"课程评价表

学习技能	具体描述(每项4分)
管理信息	1. 提出并回答关于项目的问题。 2. 开始计划。 3. 推进活动任务。 4. 选择所需的信息,提出获取信息的方式。 5. 记录信息。
思考,解决问题和决策	1. 细心观察并描述活动现象。 2. 展示活动和信息的顺序时,能够看到整体和部分。 3. 确定相同/不同的知识,并能将事物进行分类。 4. 在实验之前能进行简单的预测,看到可能性。 5. 提出项目活动中会出现的不同类型的问题,并能给出意见和理由。
设计、创造性	1. 对设计活动感到好奇并能积极主动地提问。 2. 提出关于项目活动的观点。 3. 设计模型。 4. 愿意接受挑战。 5. 通过书写、绘制、标记和制作模型来验证自己的观点。
协作	1. 学会和小组其他成员一起协作。 2. 发展聆听、表达、分享和协作的能力。 3. 能够学会演示和建模。 4. 意识到自己的工作对其他人有一定的影响。 5. 信任老师和同学。
自我管理	1. 谈论自己在这个活动中做了什么和学到了什么。 2. 发展集中、专注和坚持的能力。 3. 能够处理任务中的任何问题。 4. 能够在活动中做出选择和决策。 5. 在完成活动任务时敢于向老师和同学寻求帮助。

四、建设"大美社团",推进兴趣爱好课程实施

学校结合校情和学生的个性情况开设丰富多彩的社团课程:通过开设这些课程,丰富学生的活动,陶冶情操,让学生发现美、感受美,发展学生的个性特长,使他们成为多才多艺的学生(见表3-8)。

表3-8 合肥市第十七中学"大美社团"

课程类别	课 程 名 称	课程代码
文学语言类	诵经典名篇,品百味人生	01
	英美文学影视赏析	02

课程类别	课 程 名 称	课程代码
人文社会类	大国外交：纵横捭阖八万里，胸怀天下一家亲	03
	春秋历史话剧社	04
	至德地理实践社团	05
科技类	触摸天下	06
艺体类	视觉艺术——版画	07
	从零开始——结构素描	08
	向墨行——追根溯源，问中国书法之根源	09
	篮球俱乐部	10
	足球基本功	11
	牧歌合唱团	12
	从零开始——明暗素描	13

五、指导"大美人生"，落实生涯规划课程

根据现阶段高中生的身心发展和高中阶段学习的特点和规律，分别制定三个年级不同的生涯规划教育的目标和内容，依托社团活动课程、主题班会教育课程、研学游课程、社会实践活动课程、体验课程及学科渗透推进十七中的生涯教育课程建设。

高一年级以"生涯觉察"为主，引导学生认识自我，适应高中生活，及时做好初高中衔接辅导，重在以学习习惯培养为核心的自主学习能力的培养，根据自身学习情况，规划学业生涯，在规划中发展，在调整中完善。引导学生对自己的兴趣倾向、能力有所了解。结合高考综合素质评价社会实践活动，获得职业体验（见表3-9）。

高二年级以"生涯探索"为主，引导学生进一步认识自我，提高能力，完善自我。面对高考选科，全面评估能力、兴趣与性格特质，做出选科智慧选择，通过体验课程，进行社会实践活动，提高综合素养，模拟实战创业（见表3-10）。

高三年级以"生涯导航"为主，完善已有的生涯规划。引导学生明确高考目标，确定高考志愿，调整心态，提高学习效率。结合分类高考，分析专业发展趋向，预测专业发展前景。帮助学生选择未来合适的专业，了解所选专业未来的就业情况等（见表3-11）。

表3-9　合肥市第十七中学"大美人生"高一年级课程实施表

生涯规划课程		生涯教育活动	生涯实践体验
学习方式及方法指导	《我的高中，我适应》 《初高中衔接问题》 《做时间的管理者》	《学科兴趣心理测试》 《职业调查》	学生根据兴趣开展课题研究
德育规范指导	《班级班规设定》 《应该做一个什么样的人》《安全教育》 《毒品预防》		
心理健康指导	《高中生家长如何与孩子沟通》 《协调亲子关系，减轻学习压力》		
技能爱好指导	《行走三峡》研学系列课程 《走进中国电信、中国移动》科技游系列课程 《彰显个性，多元发展》社团活动课程 《大写人生》书法课程 《志愿服务》		

表3-10　合肥市第十七中学"大美人生"高二年级课程实施表

生涯规划课程		生涯教育活动	生涯实践体验
学习方式及方法指导	《我的理想，我选择》	体育节 艺术节	社会实践活动
德育规范指导	《感恩教育课程》 《文明礼仪教育课程》		
心理健康指导	《追求卓越，实现梦想》		
技能爱好指导	《芳华绽放》 《创业设计，我能行》 《职业初体验》		

表3-11　合肥市第十七中学"大美人生"高三年级课程实施表

生涯规划课程		生涯教育活动	生涯实践体验
学习方式及方法指导	《制订高三的阶段目标》 《找出我和目标的差距》 《各阶段的学习方法和备考方法指导》	成人礼仪式 高考励志报告会 高考誓师动员大会 心理讲座	分类考试
德育规范指导	《诚信教育》		
心理健康指导	《阳光心态，冲刺高考》		
技能爱好指导	《我的大学我的梦》 《求职面试技巧》		

学校生涯规划活动贯穿整个高中阶段，针对高中阶段三个年级不同班级和学生的个性发展目标，采取分阶段、多层次、多元化、有针对性的教学方式来开展。课程实施途径主要有专项教育、德育课、学科教学、课外活动、社团活动等。为了保障"大美人生"课程顺利开设，我们成立以校长为组长的"大美人生"生涯教育课程课题组，确保项目成果的质量，并依托智慧校园平台，手段有效扎实，方法多样，信息及时。同时，我们确保经费充足，每年均拨出专款用于该项目研究。

六、创设"大美节日"，推进课程实施

"大美节日"课程需要丰富的课程内涵来支撑。为了学生的个性发展，为了使校园文化更加浓郁，我校以"传统节日课程""现代节日课程""校园节日课程"为互动主题，努力打造校园文化课程，从而激发学生的兴趣，丰富他们的情感和经历。我们以节日课程为依托，通过体验和学习节日文化习俗，感受"精神寻根"（见表3-12）。

表3-12　合肥市第十七中学"大美节日"传统课程设置与实施表

月份（农历）	节　日	主　题	活　　　动
一月	春节	浓浓的亲情	剪窗花、写对联、拜年话
一月	元宵节	烈烈的思乡情	赏花灯、猜灯谜、吃元宵
三月	清明节	深深的思念情	忆先烈故事、制作思念花、扫墓
五月	端午节	强烈的爱国情	包粽子，念屈原
八月	中秋节	淳淳的民族情	做月饼、绘月亮、讲故事
九月	重阳节	真真的敬老情	敬老人、献孝心

现代节日包含着人们对美好生活的期望，我们开展"现代节日课程"活动，引导学生关注生活，增强生活仪式感（见表3-13）。

表3-13　合肥市第十七中学"大美节日"现代节日课程设置与实施表

时间	节　日	主　题	活　　动
一月	元旦	新年新气象	1. 制作一份新年规划 2. 订下一个小小目标
三月	妇女节	我爱妈妈	1. 亲手给妈妈制作一张贺卡 2. 给妈妈唱一支歌 3. 对妈妈说一句暖心的话 4. 为妈妈做一件力所能及的事
五月	劳动节	劳动最光荣	1. 我是社区服务小能手 2. 我身边的劳动模范 3. 评选班级劳动小模范
七月	建党节	我是优秀团员	1. 学习党的历史 2. 学画党旗、党徽 3. 我身边的党员
八月	建军节	拥军爱军	1. 走进军队 2. 革命故事比赛 3. 赠送拥军大红花
九月	教师节	老师，您辛苦了！	1. 出一期敬师黑板报 2. 我给老师敬杯茶 3. 说一句感谢老师的话
十月	国庆节	祖国妈妈我爱你	1. 学唱国歌 2. 国旗国旗我爱你 3. 爱国歌曲合唱比赛 4. 我做升旗手
十二月	校园文化艺术节	节目汇报演出	1. 准备演出节目 2. 分享这一年的收获和感受

　　我们根据"大美节日"的意涵，以评选最受欢迎的大美节日为契机，设计了以下评价细目量表（见表3-14）。

表3-14 合肥市第十七中学"大美节日"课程评价实施细目量表

评价 指标	评 价 内 容	评价 分值
主题	1. 主题鲜明、立意新颖、寓意深刻。 2. 主题具有时代性、科学性、针对性、实效性、教育性。 3. 根据学生身心发展和成长中遇到的共性问题确定主题。	
目标	1. 目标明确，有明确的导向和时代性。 2. 达到学生情感态度价值观的转变。 3. 学生有认识，有感悟，自我教育能力得到增强，能促进学生身心健康发展。	
内容	1. 贴近社会现实、贴近学生实际生活、贴近学生身心发展规律。 2. 紧扣主题，准确定位。 3. 分出层次，突出重点。	
实施	1. 情景设计合理，操作性强，能体现综合运用知识的能力。 2. 要依据所确定、分解、细化的具体内容选择活动。 3. 按照"近、亲、实"的原则选择活动。 4. 采取多种形式呈现。 5. 设置具有拓展性、开放性的，能给以学生思考空间的问题，引导学生体验和感悟。 6. 面向全体学生，关注学生的个性和差异，注重培养学生的实践能力，教育作用明显。 7. 师生互动，学生参与面广，能充分体现学生主体、教师主导的课程理念。 8. 活动设计有特色、有创意，体现课程的实践性、自主性、综合性、创造性和趣味性。	
方式	1. 新颖、独特、多样，让学生充分展示自我。 2. 注重学生的感悟和体验。 3. 重视活动的群体性，要引导学生合作学习。 4. 能创设生动、活泼、有效的课堂氛围。	

七、做活"大美之旅"，着力落实研学旅行课程

"读万卷书，行万里路"和陶行知先生"做中学"的教育理念不谋而合，让学生从传统的课堂中解放出来，走到大自然中、走到社会中去寻找知识的真谛。

1. "大美之旅"的实施途径。学校开展的"大美之旅"研学旅行课程遵循"开放性、综合性、体验性、生活性"的原则，其中，学生应着眼于自身的兴趣进行考察探究，从自然、社会和生活中选择和确定研究主题，开展研究性学习。在教师的指导下，一边观察，一边记录和思考，主动获取知识，分析并解决问题（见表3-15）。

表3-15 合肥市第十七中学"大美之旅"课程实施表

序号	主 题	地 点	目 的
一	走进大自然	蜀山森林公园、动物园	了解大自然、亲近大自然、热爱大自然
二	读书之路	安徽省图书馆	感受书的魅力,培养读书的好习惯
三	探寻历史之旅	安徽省博物院、滨湖纪念馆	了解家乡的历史,激发对家乡的热爱
四	了解家乡	安徽黄山、天柱山	激发对家乡的热爱,增强环保意识
五	科技之旅	合肥市科技馆、合肥中国移动公司、中国电信公司	感受科学的魅力,激发对科学的热爱
六	走进三峡	湖北宜昌	感受三峡的魅力和文化

2."大美之旅"课程评价。学校的"大美之旅"课程要做到"学"之扎实,"研"之尽兴,旅之有获,行之成长。"大美之旅"课程要有系统的课程设计,设计完善的研学旅行课程。研学旅行应该着眼于在"旅"中"学","旅"为"学"服务。"大美之旅"课程要做好充分的课程实施准备。做好实施准备,是提高研学旅行课程教学效果的需要,是研学旅行课程中培养学生良好学习习惯的需要,是促进研学旅行课程教师专业成长的需要。"大美之旅"课程要有精致的课程实施安排。精致的课程实施安排有利于研学旅行课程内容的深度有效学习,又有利于多种学习方法的内化。

"大美之旅"课程要有丰富的课程实施体验。研学旅行课程中丰富的体验是学生们最真实的学习,学生在最真实的场景下留下最独特、美好的感受,从而获得多方面的成长。开展"大美之旅"课程要有足够的安全保障。要做好外出的安全方案和应急预案,以确保课程的顺利进行。

总而言之,要根据不同学段、年龄特点的学生,设计更具针对性的课程评价方案,对学生的学习效果不能简单地以分数来评价。在整个研学旅行过程中,教师对学生更应进行形成性评价和发展性评价。

(撰稿者:李德山 张 凯 方应兵 卢翠霞 徐 洁)

第四章

马克思曾说过，"任何真正的哲学都是自己时代精神的精华"，"是自己的时代、自己的人民的产物，人民最精致、最珍贵和看不见的精髓都集中在哲学思想里"。教育是面向未来的事业，必须贯注时代精神。新时代焕发的积极精神令我们欢呼，课程哲学的探寻要以时代精神为大背景，将改革创新、和谐发展等积极的精神渗透到课程建设中，顺应时代潮流。

从时代精神中提炼

时代精神是在新的历史条件下形成和发展的，是体现民族特性、顺应时代潮流的特有的思想观念、行为方式、价值取向、精神风貌和社会风尚的总和。时代精神是超脱个人的集体的共同意识。当今社会，改革创新是时代精神常新的必由之路；解放思想、科学发展、与时俱进、开拓进取、求真务实等精神是时代精神内涵的具体体现。发掘时代精神，及时把握时代精神的脉搏，从中寻找学校课程哲学的立足点也是一条可取之道。

马克思曾说过，"任何真正的哲学都是自己时代精神的精华"，"是自己的时代、自己的人民的产物，人民最精致、最珍贵和看不见的精髓都集中在哲学思想里"。[①]因此，时代精神具有阶段性、历史性和发展性特点。学校作为国家文明建设的重要场所，其课程教学也需要不断变革，顺应时代潮流。在经济全球化浪潮下，文化呈现多元化特点，我国课程改革浪潮波涛汹涌。一所学校的课程哲学可以以时代精神为大背景，从中吸收与学校文化、课程传统相一致的部分而形成。

当今教育改革的一个主流方向就是强调"以人为本"，重视生命质量的提高和完善。因此，合肥市翠庭园小学提出"活力教育"的教育哲学。活力教育就是充满旺盛生命力的教育；是以儿童活泼、快乐和可持续发展为本的教育；是以教师身心健康、职业幸福为本的教育；是遵循教育规律，栽培、点化和润泽生命、为学生完美人生奠基的教育。活力教育是对"以人为本"教育思想的贯彻，也是践行教育现代化的具体体现。

学校提出的"翠庭园课程"寓意着学生就是满园的翠色，学校就是学生茁壮成长的乐园，学校致力于为不同的学生提供适应自己兴趣和发展的多样化课程，学生根据自己的个性需求选择自己喜欢的课程，使每一个学生在翠庭园课程中蓬勃生长。"翠庭园课程"旨在培养德能并重、知行合一的活力少年。

（撰稿者：王　莹）

---

① 马克思恩格斯全集：第1卷［M］.北京：人民出版社，1995，120-121.

文化坐标　合肥市翠庭园小学

课程哲学　向着那一抹翠色蓬勃生长

　　合肥市翠庭园小学始建于2004年8月，位于政务新区天鹅湖西侧。学校占地15亩，建筑面积6680平方米，目前有60个教学班，3243名学生，175位教师，其中市级学科带头人3人，市级骨干教师5人，区级骨干教师36人。学校东西分别与合肥名校五十中、八中为邻，周边有大剧院、博物院、广电中心、奥体中心、出版集团等文体单位。学校积极践行"求真知，做真人"的校训，先后荣获安徽省防震减灾科普示范校、合肥市素质教育示范校、合肥市科普示范校、合肥市科普特色学校、合肥市校园足球特色学校、合肥市平安校园、合肥市花园式学校、合肥市语言文字规范化示范校、合肥市体艺2+1示范校、合肥市绿色学校、合肥市科学教育先进单位、合肥市卫生先进单位、合肥市双拥合格单位、合肥市巾帼文明岗、合肥市文明单位、合肥市师德先进集体等称号。

第一节

向着那一抹翠色蓬勃生长

让教育充满智慧的挑战，让校园处处充满活力，让儿童拥有生命健康发展的主动权。现根据我校课程情境分析，努力形成我校独具特色的课程哲学理念。

一、学校教育哲学

什么是活力教育？活力教育是充满绿色生命力的教育；是以儿童的个性可持续发展为本的教育；是遵循教育的规律，润泽个体生命，为孩子们的人生之路奠定坚实基础的教育。我们翠庭园小学正是沿着"活力教育"这一方向努力践行着。

我们坚信，教育就是展现孩子天性，培养孩子学习热情；教育就是引导人积极向上、向善、求真、求美；教育就是平等关爱每一个孩子。

学校的办学理念是：春晖沐禾，翠色满园。这一理念充分体现了"活力教育"这一学校教育哲学。我们认为，学生就是满园的翠色。学校通过课程的实施，让所有的儿童都呈现出蓬勃向上的生长态势，也展现出各自的不同，成为德能并重、知行合一的活力少年；努力实践"活力课堂、活力学科、活力社团、活力节日、活力之旅、活力校园、活力项目"七大发展目标，并使之成为"活力教育"的实践支撑。基于上述理解，我们秉持如下教育信条：

我们坚信，

教育就是激发生命活力；

我们坚信，

学校是绽放生命活力的地方；

我们坚信，

每一个孩子都是一抹动人的翠色；

我们坚信，

让每个生命都充满活力是教育的美好愿景；

我们坚信，

让每一个孩子呈现蓬勃向上的态势是教育的使命。

二、学校课程理念

基于学校教育哲学和办学理念，我校提出了"向着那一抹翠色蓬勃生长"的课程理念。这意味着：

——课程即成长方向。让每个孩子都成为那一抹绿色，向着那一抹绿色蓬勃生长。活力课程注重儿童全面发展以及基础上的差异化教育与特长发展，培养学养全面，基础扎实，懂得尊重规则，学会判断与选择，礼仪良好，身心健康并能主动进取的活力少年，使学生成为满园的翠色。

——课程即个性张扬。我校活力课程由教师根据各自教学主张开发，有鲜明个性，同时关注不同年龄阶段孩子的内在发展，珍视每个孩子的个性感受，在选择中尊重个性自由。

——课程即活力焕发。活力课程的实施，使儿童呈现向上生长的态势，让师生体验亲身参与并掌握知识的快乐，唤醒师生对知识的渴求，通过课程的实施，开发儿童内在潜能，满足儿童的多元需求，使他们以学为乐，学有所成，培养自信，焕发活力。

——课程即内在生长。翠小"活力"课程即打造一套符合儿童智育、德育、美育的课程，激发师生内在潜能，为师生内在成长提供沃土，唤醒师生自我成长需要，激活和提炼孩子与生俱来的能力。

基于学校办学理念、教育哲学、课程理念以及对课程的认识，我们提出"翠庭园课程"模式。这寓意着学生就是满园的翠色，学校就是学生茁壮成长的乐园。我们致力于为不同的孩子提供适应自己兴趣和发展的多样化课程，使每一个孩子在翠庭园课程中蓬勃生长。"翠庭园课程"旨在培养德能并重、知行合一的活力少年。

第二节

让每一个孩子充满旺盛的生命力

学校是充满活力的乐园，让不同个性的儿童在学校生活中蓬勃生长是课程建设的神圣使命。课程改革以育人目标为根本目标，育人目标要与我们的课程目标有机对接。

一、育人目标

我校育人目标是培养"德能并重、知行合一"的活力少年。

德——礼貌诚信，富有爱心。古人云："德乃立身之本。"小学阶段是向全体学生进行品德教育的起步阶段。新时代的小学生，必须具备儒家道德教育学说精髓中最基本的"仁礼信"："仁"即以生为本，富有爱心；"礼"即注重礼仪，尊重他人；"信"就是诚实守信，言出必行。

能——兴趣多元，素养全面。课程是发展潜能的资源，良好的课程能开发学生的个性潜能，彰显学生的个性发展，让孩子学有所乐、学有所成，找到适合自己的成长之路，努力使每一位学生的潜能都得到充分开发。

知——善思好问，乐于探究。学贵有疑。要激起孩子强烈的求知欲望，使其思维活跃，乐于思考，敢于质疑；能用科学的思维去发现问题，能将获得的新知付诸实践，融会贯通；刻苦钻研，勇于探究；乐于交流与合作，敢于提出不同观点，与他人分享过程与成功的乐趣。

行——注重实践，勇于创新。每个小学生都具有不同的创新潜力，良好的学习环境、丰富的实践活动能充分调动小学生的求知激情和创新意识。"纸上得来终觉浅，绝知此事要躬行"，精心组织丰富、多元的教育教学实践活动，学生可以将课堂上所学到的知识灵活运用于实际，逐步激发创新思维、培养创新能力。

二、课程目标

育人目标的实现要通过课程来落实、支撑，为了实现育人目标，我们把课程目标进行细化（见表4-1）。

表4-1　合肥市翠庭园小学"翠庭园课程"课程目标表

课程目标/育人目标 \ 年级	低 年 级	中 年 级	高 年 级
德馨少年礼貌诚信富有爱心	1. 使学生知道礼仪的重要意义。 2. 爱校园、爱老师、爱同学、孝长辈。 3. 培养学生公正、包容的价值取向。 4. "节日教育话孝心"：培养学生感知爱。	1. 激发学生对文明礼仪的认同感，从而自觉地努力实践。 2. 主动与父母沟通交流，自己的事情自己做。 3. 培养学生助人、负责任的价值取向。 4. "爱心捐助送温暖"：培养学生与他人分享、合作的品质。	1. 让学生知道我们的生活中有哪些礼仪规范，借助反复实践，掌握交往技能。 2. 通过礼仪行为的训练以及自我锻炼，内化为自己的礼仪品质。 3. 培养学生诚实守信的价值取向。 4. "春风化雨树楷模"：培养学生关爱身边人和弱小者的品质，传递爱。
多能少年兴趣多元素养全面	1. 通过看看、画画、做做、听听、练练等体验活动，提高审美能力，陶冶情操，懂得团队合作意识，了解和培养乐感。 2. 了解和认识体育运动基础知识，感受活动的乐趣。初步培养热爱运动的兴趣。陶冶学生的情操，提高身体健康水平。懂得团队合作意识。	1. 形成参与艺体活动的兴趣，通过训练学生掌握一定的艺体活动基础技巧，初步形成发现美、探究美，积极进取的生活态度。 2. 基本掌握1—3项艺体活动技能，发展艺术实践能力，形成基本的艺术素养。发展学生对美的感知能力，培养孩子在团队中的合作协调能力，感受团队合作的意义及重要性。	1. 促进学生的全面发展，能够较熟练掌握4—5项艺体活动的基本技能，形成能唱会画，多才多艺的综合素质，并最终成为特长项目。 2. 在活动中帮助和爱护同学。具备良好的体育道德精神。在团队活动中，能较好地履行自己的义务和职责，能够较熟练掌握3—6项体育活动的基本技能，形成运动习惯，并最终成为特长项目，为终身体育打下基础。

课程 育人目标 \ 年级	低 年 级	中 年 级	高 年 级
好学少年 善思好问 乐于探究	1. 让学生经历思考的过程，唤起学生的好奇心，善于多问"为什么"，养成勤思考的习惯。 2. 创设情境，激发学生的求知欲望。 3. 在学习过程中观察探究周围的世界，激发不同学生的学习兴趣，让他们热爱学习。	1. 通过建立意识和观念，有自信、能独立思考，发展形象思维和抽象思维。 2. 让学生学会大胆地"问"，引导他们自己发现问题、提出问题，并会主动去解答问题。 3. 通过创设探究合作开放性课堂教学环境，丰富学生的课堂活动。	1. 能够自觉应用所学的知识、方法、思想和观念去发现学习中所存在的现象和规律，并能够运用所学的知识和方法去解决问题。 2. 通过学生生疑、质疑、释疑等步骤，引导学生探究，掌握重难点，培养解决问题的能力。 3. 充分发挥学生的主体地位，并能将所学运用于实践。
重行少年 注重实践 勇于创新	热爱生活，能主动关注生活中的新事物，并能保持一定的持久性。能对新事物做出一定的观察，并能尝试独立去探究与该事物有一定联系的问题。能虚心倾听别人的想法，懂得应该尊重客观事实。	学习积极主动，独立思考，对问题有自己独特的见解。学会发现并提出简单的问题。锻炼自己与他人合作探究的过程，逐步养成喜欢思考、敢于质疑、实事求是等优秀品质。	能持续地开展针对新事物的探究，积极主动地寻求"为什么"。学习积极主动，对自己有自信，能独立思考，能表达自己的感受，表达有力的观点，有独特、个性的解决问题的方法与策略。在他人帮助下，感受创新活动中的成功，能尝试克服困难。

第三节

洒满儿童心尖的都是爱

为了实现以上课程目标，形成"整体"气候和"体系"意识，特建构以下有逻辑、多维联动的课程体系。

一、课程逻辑

学校通过多次召开课程专项会议，经过了专家把脉—校长牵头—组内讨论—交流研讨—全体参与的模式，形成了满足儿童多元需求的课程逻辑（见图4-1）。

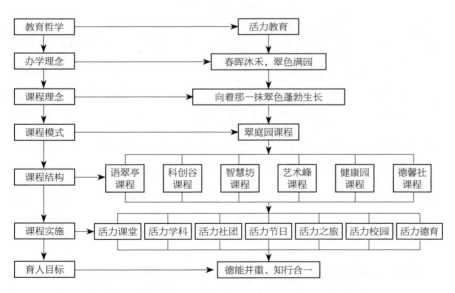

图4-1 合肥市翠庭园小学"翠庭园课程"课程逻辑图

二、课程结构

我们根据加德纳的多元智能理论，围绕六大领域，形成语言、逻辑、探索、审美、运动等方面的课程体系，全方位地为孩子提供课程指南，将基于儿童多元发展的课程体系简称"翠庭园课程"，即语翠亭课程、科创谷课程、智慧坊课程、艺术峰课程、健康园课程、德馨社课程，旨在通过课程的实施，期待每个孩子在语言、探索、逻辑、审美、运动、人际交往等方面均有所发展（见图4-2）。

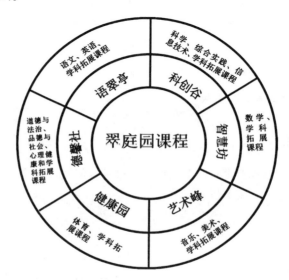

图4-2　合肥市翠庭园小学"翠庭园课程"结构图

上图中，语翠亭课程指的是语言领域课程，包括语文、英语和学科拓展课程；科创谷课程指的是科学领域课程，包括科学、综合实践、信息技术和学科拓展课程；智慧坊课程指的是数学领域课程，包括数学和学科拓展课程；艺术峰课程指的是艺术领域课程，包括音乐、美术和学科拓展课程；健康园课程指的是体育领域课程，包括体育和学科拓展课程；德馨社课程指的是社会领域课程，包括道德与法治、品德与社会、心理健康和学科拓展课程。

三、课程设置

根据"翠庭园课程"课程结构图，按照这六种课程，结合学校课程资源情况，对"翠庭园课程"的内容体系进行了系统构建，如图（见表4-2）：

表4-2 合肥市翠庭园小学"翠庭园课程"内容设置表

课程 年级及学期		语蕾亭课程	科创谷课程	智慧坊课程	艺术峰课程	健康园课程	德馨社课程
一年级	上	经典诵读（低段）绘本故事屋	昆虫记	口算小快手（上）	巧手之家		红领巾小主人
		Fun Letters: Aa–Gg Alphabet Letters Games (Aa–Gg)	草丛探秘	数学童话	声势乐堂	小小棋手	公正排排队
	下	经典诵读（低段）童话世界	鸟类乐园	口算小快手（下）	巧手之家		百善孝为先
		Fun Letters Hh–Nn Alphabet Letters Games (Hh–Nn)	奇趣树林	有趣的火柴棒	声势乐堂	博弈高手	爱心初体验
二年级	上	经典诵读（低段）寓言小屋	海底两万里	笔算小准星（上）	绘玩创想家		红领巾小榜样
		Fun Letters: Oo–Tt Alphabet Letters Games (Oo–Tt)	花开花落	数学乐园	戏韵翠梨	绿茵小将	包容微微笑
	下	经典诵读（低段）创想故事会	宠物当家	笔算小准星（下）	绘玩创想家		爱国故事会
		Fun Letters: Uu–Zz Alphabet Letters Games (Uu–Zz)	炫彩树叶	数学绘本	戏韵翠梨	足球旋风	爱心对对碰

（续表）

课程 年级及学期		语翠亭课程	科创谷课程	智慧坊课程	艺术峰课程	健康园课程	德馨社课程
三年级	上	经典诵读（中段）韦虫乐园	趣咪化学	运算小巧手（上）	纸艺堂	快乐体操	红领巾享礼节
		Story: Super Kids Guessing Games	光影迷宫	趣味算术谜	琴笛悠扬（口风琴）		互助弯弯腰
	下	经典诵读（中段）演讲与口才	气象百科	运算小巧手（下）	纸艺堂	体操健将	传承民族精神
		Story: Super Kids Guessing Games	电学博士	速算大王	琴笛悠扬（口风琴）		爱心连连看
四年级	上	经典诵读（中段）妙笔长廊	魅力小车	笔算小能人（上）	水墨之韵	武动翠小	红领巾欢唱党
		Picture Book: Super Kids Bingo Games	桥梁建造家	魔方天地	歌韵舒扬		责任擦擦亮
	下	经典诵读（中段）泛舟诗海	遨游蓝天	笔算小能人（下）	水墨之韵	中华武术	寻访古城记
		Picture Book: Super Kids Riddles Games	造船大师	数独奥秘	歌韵舒扬		心灵港湾

年级及学期		语翠亭课程	科创谷课程	智慧坊课程	艺术峰课程	健康园课程	德馨社课程
五年级	上	经典诵读（高段）童真课本剧	变废为宝	口算大王（上）	绘意漫研部	酷跑少年	红领巾乐公益
		Picture Book: Super Kids Tongue Twister	地球脉动	数学未知数	舞韵霓裳		诚信勾勾手
	下	经典诵读（高段）追梦文学社	科技动手做	口算大王（下）	绘意漫研部	天天跑酷	再现红色经典
		Classic Picture Books Tongue Twister	果核宇宙	统计乐园	舞韵霓裳		爱心家油站
六年级	上	经典诵读（高段）欢乐小剧场	创意达人	计算达人（上）	绘意漫研部	我爱篮球	红领巾小达人
		Classic Picture Books Theatre Show	我型我秀	数字与图形	徽韵雅析		和谐点点赞
	下	经典诵读（高段）古文小课堂	创客联盟	计算达人（下）	绘意漫研部	灌篮高手	聚焦新视点
		Classic Picture Books Theatre Show	科学小导演	数学趣题营	徽韵雅析		爱心小使者

四、课程内容

根据学校课程体系，学校对各个年级课程内容进行了具体设置（见表4-3、4-4、4-5、4-6、4-7和4-8）。

表4-3　合肥市翠庭园小学"翠庭园课程"一年级课程内容设置表

课程维度	课程安排		课 程 内 容
语翠亭	上册	经典诵读	诵读儿歌，从愉悦的诵读和讨论中体验儿歌的魅力。参考《日有所诵》。
		绘本故事屋	每周读一本书，师生分享交流心得，培养良好的阅读习惯，滋养品质。
		欢动字母	通过字母舞蹈，寓教于乐，让孩子充分地参与到课堂中来，感受英语的活力与动感，调动学习兴趣。
	下册	经典诵读	了解古诗或诗人背后的故事，更好地理解古诗，并通过诵读经典古诗文等，增加学生的识字量。
		童话世界	在阅读中感受童话故事的美好，通过表演童话故事，激发儿童丰富的想象力，使其获得精神上的愉悦。
		揭秘数字	英语数字教学让学生在玩中学得扎实，并获得快乐体验，增强感知能力。
科创谷	上册	草丛探秘	尝试运用不同的感官观察种类繁多的植物世界，用文字、绘图等方法记录和观察内容。
		昆虫记	观察、认识各种常见昆虫，了解昆虫的特征、习性，并在探索中学会观察，体会生命的意义。
	下册	鸟类乐园	认识不同的鸟类，能辨识常见的小鸟，了解鸟类结构以及生活习性。
		奇趣树林	观察树木，了解不同种类的植物的结构，以及它们的生长需要，体会大自然的神奇奥秘。
智慧坊	上册	口算小快手	通过口算20以内的加减法练习，培养学生的计算能力，使其学会心算。
		数学童话	阅读数学童话故事，从童话故事中学习有关数学的知识，培养学生的数学兴趣，使其热爱数学。
	下册	口算小快手	通过口算100以内的加减法训练，培养学生的口算能力，使其喜欢上口算。
		有趣的火柴棒	通过摆一摆、移一移火柴棒的活动，培养学生在变通的情况下还能保持不变的思想，使其善于合作，积累丰富的活动经验。

课程维度	课程安排		课 程 内 容
艺术峰	上册	巧手之家	了解身边用品的特点，学习简单的组合、装饰，让学生充分观察、体验。
		声势乐堂（语言）	通过朗朗上口的儿歌或童谣，让孩子们学习朗诵和歌唱，做到语言和音乐的结合。
		声势乐堂（动作）	通过一些走、跑、跳、声势等游戏、律动、舞蹈和表演，培养孩子独立性、合作性。
		乐器演奏	通过沙锤、三角铁、双响筒等乐器即兴演奏并设计自己的音乐。
	下册	巧手之家	进行简单的组合与装饰，用画、撕、剪、粘的方法，展开丰富的想象，体验创作的乐趣。
		激情摇摆	以鲜明的节奏，形象力强的音乐为主导，通过速度、力度的变化，使学生听听、跳跳、扭扭。
		节奏快车	通过各种语言节奏的游戏，如一些说唱等，让学生感知音乐节奏美。
		歌唱总动员	表演唱，或创编动作，或增加新词，培养孩子想象力、创造力、表演力。
健康园	上册	小小棋手	学习棋类的大致分类、礼仪规范、下棋技巧。
			学习棋类的发展历史以及相关的名人趣事。
			了解如何提高自己的棋艺以及下棋带给我们的益处。
	下册	博弈高手	了解和学习如何运用下棋的技巧。
			能够熟练地进行实战对抗。
			加强棋艺教学，锻炼学生思维，增强学生竞争意识。
德馨社	上册	红领巾小主人	学习队知识、队章；学唱队歌、了解队史。
		公正排排队	利用班队会时间对中华传统礼仪进行讲解，使学生知礼懂理，具备基本的礼仪修养。
	下册	百善孝为先	让学生知道百善孝为先，学会感恩，知道身边的亲人为抚育我们付出了很多辛劳，进而用实际行动表达感恩。
		爱心初体验	学习雷锋精神，在班级结对，帮助有困难的同学。

第四章 从时代精神中提炼

95

表4-4 合肥市翠庭园小学"翠庭园课程"二年级课程内容设置表

课程维度	课程安排		课程内容
语翠亭	上册	经典诵读（低段）	诵读经典古诗，体验诵读乐趣，关注诵读过程，培养学生诵读古代诗文的能力。
		写字有方	指导学生正确的握笔姿势，养成良好的写字习惯，并具有一定的速度。
	下册	经典诵读（低段）	通过诵读儿歌、儿童诗等，引导儿童感受语言的优美，获得初步的情感体验。
		书香阅读	通过童话故事和寓言故事，引领儿童通过美好的故事明白深刻的道理，引导儿童有自己的感受和想法，感受阅读的乐趣。
科创谷	上册	海底两万里	畅游海洋世界，了解海洋中的各种生物，认识海洋常见鱼类和哺乳动物，了解它们的形态结构和生活习性。
		花开花落	观察和学习花的知识，了解花的结构和功能，尝试自己种植一株花。
	下册	宠物当家	了解人类的好朋友——宠物，认识不同的宠物，了解它们的生活习性，学会善待宠物，体会生命的珍贵。
		炫彩树叶	不同种类的植物有不同的叶子，观察并认识不同的叶子，学会用叶子制作树叶画、叶脉书签等。
智慧坊	上册	笔算小准星	提高学生的乘、除法计算能力，同时使其学会估算和验算。
		数字乐园	通过数字乐园的活动，提高同学们的数感能力，培养同学们对数学的热爱。
	下册	笔算小达人	通过简单的乘、除法的笔算练习，通过三位数加减两位数的笔算练习，提高学生的笔算能力，同时使其学会估算和验算。
		数学绘本	通过数学绘本的阅读、欣赏，让孩子们体验到数学的丰富多彩，感受数学之美。
艺术峰	上册	绘玩创想家	装饰画临摹装饰基础与图案，通过学习让学生勤动脑、多动手。通过艺术构思，激发学生绘画潜能，锻炼装饰搭配与组合创造的能力。
		戏韵翠梨	了解戏曲常识；基本训练组合练习；戏曲的学习；戏曲单曲演绎。
		魅力戏曲	了解戏曲音乐，欣赏戏曲音乐中的经典作品，并了解相关作曲家的生平，学习多种戏曲种类。
		台词训练	正确读字发音，初步感知语言表现力及戏曲中台词的处理。

课程维度	课程安排		课程内容
艺术峰	下册	绘玩创想家	通过直观的绘画过程，让学生了解作画步骤和作画效果，更直接地向学生传授知识、技能、技巧，使其能灵活运用所学知识，锻炼运用能力，激发创造力。
		形体训练	排练过程注意学生的舒展和控制、肢体表现力和剧本人物的形体塑造。
		京韵十足	学习国粹，了解我们"国粹艺术"的人文价值，学唱经典曲目，学习京韵动作。
		成品排练	在熟背台词的基础上，加入肢体语言，带入表情和情绪完成几首成熟的戏曲作品，加强学生之间的配合与默契。
健康园	上册	绿茵小将	了解足球理论知识。
			掌握球性、球感和传接球基本动作。
			观看足球视频。
	下册	足球小子	学习足球基本技术、战术和比赛规则。
			练习运控球技术。
			开展校园足球联赛。
德馨社	上册	红领巾小榜样	竞选纪律委员、宣传委员等，让每一位学生的优点发光发亮。
		包容微微笑	学会宽容体谅别人。
	下册	爱国故事会	观看爱国主义电影，分享爱国故事，举办爱国故事交流会。
		爱心对对碰	8人一小队，进社区、医院、孤儿院等场所看望和帮助困难家庭。

表4-5　合肥市翠庭园小学"翠庭园课程"三年级课程内容设置表

课程维度	课程安排		课程内容
语翠亭	上册	经典诵读	诵读经典古诗，体验诵读乐趣，关注诵读过程，培养儿童对传统文化的鉴赏能力，提高综合素质。参考《小学生必背古诗75首》。
		书虫乐园	每期一书，分享交流心得，推荐下期书目。营造书香氛围，养成读书好习惯。
		趣味拼读	通过自然拼读教授26个字母和符合字母发音规律的单词，让学生对单词的音和形有更加深入的理解。初步做到简单词汇的见字能读、听音能写。

（续表）

课程维度	课程安排		课 程 内 容
语翠亭	下册	经典诵读	通过诵读经典儿童诗歌，培养学生对诗歌的兴趣，熏陶学生的审美情操，提高学生理解和诵读经典的能力，培养诵读的积极性和自主性。
		演讲与口才	锻炼学生的语言表达和组织能力，从语音、语调等基础出发，逐步训练其口语表达的方法和技巧，进而围绕演讲比赛等一系列训练，不断提高学生的说话能力。
		拼读大比拼	在习得26个字母的基础上，让孩子进一步接触符合自然拼读的字母组合词汇。借助自然拼读绘本，让学生在竞赛中，切磋所学，激发学生学习英语的热情。
科创谷	上册	趣味科学	观察身边的现象，用一些常见的物质进行科学小实验，体会物质变化的奥妙。
		光影迷宫	认识光和影，通过有趣的光学小实验，学习光学知识，并能解释身边的光影现象。
	下册	气象百科	观察并记录天气，了解天气符号，并能在有趣的天气现象中知道它们是怎样形成的。
		电学博士	学习电的知识，能用干电池、导线、小灯泡等组成简单电路，在各种电学小实验中畅游，意识到安全用电的重要性。
智慧坊	上册	运算小巧手（上）	通过运算训练，培养学生的数学计算能力，使其学会检查、验算的方法。
		趣味算式迷	阅读趣味数学读本，自主探索和钻研数学算式的奥秘，培养浓厚的学习兴趣。
	下册	运算小巧手（下）	通过运算训练，总结在运算过程中发现的问题并寻找解决方法。
		速算大王	在数学活动中提高口算能力，并以口算为基础进行正确的笔算。
艺术峰	上册	纸艺堂	学习折叠、剪刻为主的多种技法，如各种造型的折法等，重叠折法，使纸的表现力有更多的张力。
		琴笛悠扬	介绍关于口风琴、竖笛乐器的相关知识，掌握正确的演奏姿势和吹奏的方法与技巧，养成良好的习惯。
		琴唱结合	把口风琴引进歌曲教学中，一首新歌曲与琴相结合。
		琴听结合	运用口风琴听辨音乐，听音并用琴演奏出来，通过自己的感受，有感情地表达出来。
	下册	纸艺堂	学习剪刻、镂空等技法，使剪纸的表现力更有深度和广度。

课程维度	课程安排		课程内容
艺术峰	下册	竖笛启蒙	八孔竖笛简介，介绍竖笛来源、构造、发音原理、吹奏姿势、吹奏竖笛时应注意的卫生问题。
		吹奏方法	通过气息强弱的不同，获得不同的音高，学习"按指""缓吹"等方法，能够吹奏简单曲目。
		琴笛合作	口风琴与竖笛合作演奏曲目，培养学生合作感、凝聚力，增添学习乐器的兴趣。
健康园	上册	快乐体操	队列队形：听口令，做出基本的队列队形动作。
			基本部位操：以举摆、振、绕、伸、绕、屈、转、跳等基本动作练习。
			沙袋操：手持适宜重量的沙袋负重练习，基本部位操练。
	下册	快乐体操	队列队形：听口令，做出基本的队列队形转换练习。
			韵律操：在音乐的伴奏下，完成单一、组合和成套动作。
			团体操：广播操基本动作，团体阵型变换。
德馨社	上册	红领巾享礼节	利用班队会时间对日常生活中常见的礼仪进行讲解，使学生能够掌握其使用的环境及方式。
		互助弯弯腰	学会相互帮助，感受集体力量。
	下册	传承民族精神	学习红色教育，立志向、树理想。
		爱心连连看	组织"环保小卫士""共享侠""交通引导员"等活动，培养学生的公益意识。

表4-6 合肥市翠庭园小学"翠庭园课程"四年级课程内容设置表

课程维度	课程安排		课程内容
语翠亭	上册	经典诵读	诵读小古文，初步把握古文的节奏，领略古文的趣味，培养儿童品读小古文、鉴赏小古文的能力。
		妙笔长廊	给每个孩子提供发表的平台，鼓励每一个孩子乐于表达，在语言文字中发表自己的见解，记录自己的成长历程。
		绘本方舟	接触、阅读和赏析世界经典儿童绘本，让学生在语篇中感受图文的魅力，大胆猜想，在玩中学、在学中玩，分享所读、所得，提升阅读兴趣和培养学生自主阅读的能力，让学生与世界各国绘画大师和名家零距离接触。

（续表）

课程维度	课程安排		课程内容
语翠亭	下册	经典诵读	诵读经典现代散文，初步培养学生感悟文学作品美好意境的能力，陶冶学生的审美情操。
		泛舟诗海	通过品读经典儿童诗，让孩子获得诗歌的审美体验。激发孩子创作诗歌的欲望，引导孩子以诗歌的形式表达心声。
		绘声绘演	基于同一主题，让学生接触、阅读和赏析更多著名绘本，指导学生创作主题绘本，让学生在赏析、改编、创作绘本的过程中体验合作学习的乐趣，提升学生的语言理解能力以及语言运用能力。选取展示、角色扮演优秀绘本，培养学生的竞争意识和合作能力。
科创谷	上册	魅力小车	用简单的材料制作小车，利用弹力、风力、电力等方式驱动小车，在制作活动中提高学生的动手实践能力。
		桥梁建造家	了解中外桥梁知识，用纸、木棍等材料设计并制作自己的大桥。
	下册	遨游蓝天	学习飞机翱翔蓝天的奥秘，学会制作小飞机，并与同学比赛，体会科学乐趣。
		造船大师	了解船只的发展历史和船只知识，学会制作不同的小船，并与同学分享。
智慧坊	上册	笔算小能人（上）	通过训练两、三位数乘、除以两位数笔算，让学生做到又准又快。
		魔方天地	介绍魔方概况和基本术语，学会用数学知识来破解魔方玩法。
	下册	笔算小能人（下）	运用各种运算律，了解整数四则运算的简便计算。
		数独奥秘	了解九宫格数独的基本情况，解读数独的奥秘，通过各种推理演绎，培养学生逻辑思维能力和全局观念。
艺术峰	上册	水墨之韵	尝试用毛笔、颜料、墨和宣纸等工具、材料，绘画一些有趣味的彩墨游戏。初步认识墨分五色。
		歌韵舒扬	多声部五线谱的认谱学习；视唱练耳练习，单音、音程、和弦的听唱；声部练习，和弦构唱，模唱；旋律模唱；合唱中的起声、循环呼吸、多声部的配合。
		歌唱艺术	通过学习独唱、轮唱、合唱等多种演唱形式，感受音乐的魅力与艺术性。
		中外赏析	练唱中外少儿合唱歌曲，提高学生音乐素养和欣赏水平。
	下册	水墨之韵	学习用毛笔等中国画工具表现点、线面的方法，运用点、线、面完成一幅色彩丰富的彩墨国画。体会彩墨的艺术魅力。

课程维度	课程安排		课程内容
艺术峰	下册	多彩乡音	学习民族歌曲，感受不同民族的民歌。
		流行流唱	了解通俗歌曲、当代歌曲的唱法、曲种；学习当代音乐的流行走向。
		曲目展演	将多种演唱形式融合，带有感情地完成几首成熟的合唱作品，并在学校文化节进行展演，培养孩子的舞台能力和自信心。
健康园	上册	乒乓小将	了解有关乒乓球技术的理论知识及发展史。
			掌握乒乓球的基本站位、基本姿势和基本动作。
			了解如何提高自己的技术以及打乒乓球带给我们的益处。
	下册	急速乒乓	一般身体素质练习。
			学习乒乓球基本技术、战术和比赛规则。
			分组比赛，提高心理素质。
德馨社	上册	红领巾欢唱党	了解红歌背后的故事，学唱3首红歌。
		责任擦擦亮	通过少代会等活动，让学生参与到学校日常管理中。
	下册	寻访古城记	通过研学游，让学生深入了解合肥历史。
		心灵港湾	开展"悄悄话""倾听箱"等多种形式的活动，由专业的心理老师指导或为学生遇到的问题进行解惑。

表4-7 合肥市翠庭园小学"翠庭园课程"五年级课程内容设置表

课程维度	课程安排		课程内容
语翠亭	上册	经典诵读	通过活动，让学生爱阅读，让书成为他们的朋友。在活动中提高学生的综合素质，增长学生的知识。学生根据学科读书计划和个人读书计划进行阅读。参考书目：《诵读》《论语》。
		童真课本剧	以班级为单位，结合教材，每月开展一次课本剧交流活动，每学期进行一次汇报表演。
		律动歌谣	通过听、读、诵、唱富有律动的歌谣，使学生感受英语歌谣的动感与活力，培养学生表演和吟唱英语的兴趣，提升英语语感。

确定学校课程哲学

课程维度	课程安排		课程内容
语翠亭	下册	经典诵读	每周一次古诗文赏析，同时将读书活动延伸到家庭，开展"我的家庭阅读"评比展示活动。
		耘梦文学社	由文学爱好者牵头，尽量吸纳更多的学生参与。以创办小报的方式激励大家的写作热情。每月进行一次采风活动，主题随机定。
		袅袅歌曲	在五年级上册感悟和学习英语歌谣的基础上，将美妙音律融入英语语言中，培养学生展现英语风采的信心和能力。
科创谷	上册	变废为宝	收集废旧的物品，如瓦楞纸、塑料瓶等，加工制作成各种有趣的小物件，学会节约利用，提高环保意识。
		地球脉动	认识地球上地震、火山、四季变化等现象，知道生活中常见现象的成因，并能根据这些现象做出合理的判断，帮助我们远离危险。
	下册	科技动手做	用简单的材料完成不简单的挑战，学会运用自己的科学知识，制作小物品，与同学竞技PK。
		果核宇宙	了解宇宙知识，认识我们生活的世界。
智慧坊	上册	口算大王（上）	让学生通过口算小数的加法和减法、小数的乘法和除法，提高有关小数的计算能力。
		数学未知数	让学生在学习用字母表示数、图形的面积计算、认识方程的过程中，感受数字与字母的联系，为学习方程做铺垫。
		口算大王（下）	通过了解分数的基本性质，熟练口算有关分数的加减以及相应的简便运算。
	下册	统计乐园	学习各种统计表和统计，统计我市某月份某一周的气温变化情况，联系实际，体验数学与生活的联系。
艺术峰	上册	绘意漫研部	卡通漫画的手绘方式，手绘单线卡通漫画人物，掌握基本的人物头和身体的比例结构关系。
		舞韵霓裳	舞蹈常识；基本训练组合练习；舞种的学习与了解。
		形体训练	把杆训练组合，在基础上加大难度，变换花样，达到舞蹈训练要求。
		组合训练	将各形体训练与把杆训练、地板训练、擦地训练等融合。
	下册	绘意漫研部	单个人物打形、勾线、上色，讲简单的明暗关系，马克笔表现人物的体积感。
		精彩舞韵	各民族舞蹈的学习、创编。
		中外赏析	观看欣赏中外优秀舞蹈视频。
		舞蹈展演	完成几个成熟的舞蹈，包括民族舞、古典舞，并在学校文化节进行展演。

课程维度	课程安排		课 程 内 容
健康园	上册	酷跑少年	了解田径的发展和最新动态。
			锻炼孩子力量、速度、耐力、灵敏、柔韧等身体素质。
			实时观看国内外田径大型赛事。
	下册	天天跑酷	学习定向运动相关知识。
			锻炼身体速度、耐力和灵敏素质；培养识图能力。
			开展校园定向比赛。
德馨社	上册	红领巾乐公益	学生邀请家长辅导员，策划公益活动。
		诚信勾勾手	利用淘宝节等物品交换的活动，加深学生对诚信的理解。
	下册	再现红色经典	编排一场红色课本剧，表演出人物特色。
		爱心加油站	邀请心理老师开展团辅、个辅、讲座等，让学生健康快乐地成长。

表4-8 合肥市翠庭园小学"翠庭园课程"六年级课程内容设置表

课程维度	课程安排		课 程 内 容
语翠亭	上册	经典驿站	了解中华民族经典作品，培养儿童对传统文化的热爱之情。
		名人长廊	通过认识中华民族历史上的名人志士，引导学生确立正确的人生坐标，为塑造人生信念奠定基础。
		名胜纵览	展示我国名胜中的自然文化遗产和人文景观，以此了解山水文化的内涵，培养学生的爱国情怀。
	下册	读海沧生	通过开展读书月、读书漂流、师生共读等活动，充实学生文化底蕴，提高学生把握文章脉络主题、分析文本的思维能力。
		民俗画卷	选取体现民族特点的风景名胜，了解我国的传统节日，开展多种形式的活动，让学生了解风景名胜和传统节日的特点。
		艺术乐园	步入中华民族文化的艺术殿堂，增强民族自豪感和自信心。
		写出我世界	通过开展句子接龙、一周一写、写作比赛等活动，提高思维能力，促进语言表达和组织能力的提高。

课程维度	课程安排		课 程 内 容
科创谷	上册	创意达人	学会运用自己的科学知识，发挥自己的创意，对生活中的小物品进行改造。
		我型我秀	用废旧物品制作各种装饰道具，并穿戴展示自己的作品，鼓励大家保护环境。
	下册	创客联盟	利用不同的材料，制作有趣的小物品，并能根据自己的想法进一步创造出自己独特的小发明。
		科学小导演	设计科学小剧本，能通过舞台剧等方式表演、解释科学现象，宣传科学道理。
智慧坊	上册	计算达人（上）	通过整理与复习整数、小数、分数的各种运算，提高数学的计算能力。
		数字与图形	体会数字与图形的联系，数字与图形的应用，感受数形结合的思想，并会运用数行结合的思想解决一些问题。
	下册	计算达人（下）	会速算、巧算，体会找规律算，发展学生数学思维。
		数学趣题营	通过解决行程问题、过桥问题、行船问题、统筹安排等各种思维发散的题型，提高学生的思维能力。
艺术峰	上册	绘意漫研部	单个人物和组合人物打形、勾线、上色，马克笔明暗关系表现人物的体积感。
		徽韵雅析	了解安徽各地音乐文化背景知识。
		童趣绘声	运用画图的方式，把学到的歌曲用画笔描绘出来。
	下册	绘意漫研部	组合人物打形、勾线、上色，马克笔明暗关系表现人物的体积感。添加画面背景，使画面更加的丰富。
		特色童谣	学习各地区童谣、了解一些地方方言习性及历史文化。
		安徽民歌	学习安徽各地民歌演唱，增强孩子民族感、使命感。
健康园	上册	我爱篮球	初步了解篮球知识、比赛规则。
			原地、进行间运球，胸前传接球，双手胸前投球。
			转身、步法、跑位练习。
	下册	灌篮高手	进一步学习篮球相关知识和比赛规则。
			体前变向运球、跨下运球，尝试背后运球、传接球和投篮。
			多种步法练习、基本动作练习，以赛代练，强化团队合作练习。

课程维度	课程安排		课程内容
德馨社	上册	红领巾小达人	走进各种职业，学习劳模精神，体会职业荣誉感。
		和谐点点赞	学习垃圾分类并呼吁身边的人一起保护环境。
	下册	聚焦新视点	关注社会热点，开展辩论赛，培养新一代的好少年。
		爱心小使者	开展公益小创客、"格桑花"等活动，让爱洒满学生心间。

第四节

在智慧的碰撞中实现优质

依据我校的课程哲学，全面落实课程目标，实现立德树人的根本要求，学校从以下几个方面着手。

一、建构"活力课堂"，扎实推进学校课程实施

"活力课堂"是"融合课堂"：资源融合，师生融合。这样的课堂能较好地改编、重组现有教材，注重书本知识与学生实际的联系，有效使用信息手段辅助课堂教学，教学方法灵动。老师能关注全体，调动、鼓励不同基础的学生；师生参与度高，互动性强，在智慧的碰撞中实现优质的课堂。

"活力课堂"是"创新课堂"：思维求新，个性求异。教师精心设计和指导，围绕关键问题组织行之有效的探究活动，保障学生充分体验并解决问题，促进学生自主地学习，引导学生主动地完成知识的思维建构，形成技能发展能力，完善人格。

"活力课堂"是"成长课堂"：激发活力，儒雅成长。充分发扬每个孩子的主人翁精神，不断激发每个孩子内在的潜能，努力满足每个学生求真知、做真人的欲望；让学生在习得知识的同时，受到潜移默化的人文熏陶，提高自身综合素养，向着德能并重、知行合一的活力少年生长。

（一）"活力课堂"的实践推进

"活力课堂"主要是指"翠庭园课程"中语文、数学、英语和科学学科基础课程部分，主要类型可分为：语言与交流、逻辑与思维、观察与探索。

"语言与交流"部分主要分年级开展不同形式的"经典诵读""Fun Letters"等活动；"逻辑与思维"部分主要分年级开展不同形式的"口算与笔算"等活动；"观察与探索"主要分年级开展不同形式的"昆虫记""草丛探秘"等活动。

（二）"活力课堂"的实施

1. 研究制定教学评价标准。根据国家推行的《义务教育小学课程标准》，按照"翠庭园课程"的育人目标，制定适合本校学生长远发展的校本化的"活力课堂"实施纲要，以"资源融合""师生参与""思维创新""个性发展"等作为课堂评价的主要内容，形成切实可行、高效优质的"活力课堂"教学标准。

2. 建构实施教学有效模式。转变教学观念，优化教学手段，变革教学方式，不断落实"以学定教""以评促教"思想，深入推动"活力课堂"建设，形成本校课程独特的教学模式。用孩子们喜欢的多元化方法，引导每个学生主动学习、乐于学习，打牢每个学生的学科基本功。

3. 落实开展教学系列活动。（1）抓"诵读经典"，落实"语翠亭"课程。学校在校园可利用的角落精心创设"悦读吧""书香角"，提供大量图书，供孩子们随时阅读；每天上午、下午开课前，吴继红老师主持"经典诵读十分钟"；每年四月份举办"诵读会"活动，九月份举办推普周活动，十二月开展语文实践周活动，每个班级自主开展亲子阅读、课本剧表演、演讲比赛等活动。（2）抓"生活数学"，落实"智慧坊"课程。紧密联系生活，开展训练多种能力的数学实践活动，如口算小快手、笔算小准星、运算小巧手、速算大王、数学趣题营等，让学生了解数学与生活的联系，培养学生计算、理解、搜集和运用所学解决生活问题的能力。（3）抓"智创科学"，落实"科创谷"课程。鼓励学生运用科学新知认识身边世界，初步掌握科学探究所需的思维和方法。

（三）"活力课堂"的评价标准

依据"活力课堂"课程内涵，学校主要从"资源融合""师生参与""动态生成""思维创新""个性发展""活力成长"六维指标，制定以下评价标准见表4-9）：

表4-9　合肥市翠庭园小学"活力课堂"评价标准表

指标	权重	指标要求	优秀	良好	合格	一般
资源融合	12	1. 目标：能够体现针对性和差异性。 2. 内容：较好地重组教材，注重书本知识与学生实际的联系，有效使用信息手段辅助课堂教学。	12	10	8	5
师生参与	16	1. 参与度：85%以上的学生参与活动。	8	6	5	3
		2. 关注面：关注全体学生，充分调动和鼓励大家的积极性。	8	6	5	3
动态生成	18	1. 课堂生成：突出重难点；利用课堂生成，不断优化课堂教学。	9	7	5	4
		2. 教学生成：导入简约、激发学生求知欲；知识化繁为简，化难为易。	9	7	5	4
思维创新	18	1. 思维度：85%以上的学生在90%以上的时间里进行每个学科的思维训练。	9	8	6	4
		2. 思维力：围绕主要问题组织有效的学习活动，学生体验性强。	9	7	6	4
个性发展	18	1. 知识与能力：85%以上的学生完成预设任务，学习积极性高，能力有加强。	9	7	5	4
		2. 情感与态度：受到德育或人文潜移默化般的熏陶，提高自身综合素养，向着活力少年生长。	9	7	5	4

二、建设"活力学科"，丰富学科拓展课程

"活力学科"，就是学科教学要有生机勃勃的活力，不应该仅仅满足于课本上的内容，还应该有相应的课外拓展性的课程，使学生感受学科本身固有的生命力。教师应将课本中的基本知识变得妙趣横生、变化无限，使学生对学科知识的认知也变得十分有趣高效、生动活泼。

（一）"活力学科"的建设路径

语言与交流包括语文、英语；逻辑与思维包括数学和学科拓展；观察与探索包括科学和学科拓展；艺术与审美包括音乐、美术和学科拓展；运动与健康包括体育和学科拓展；自我与社会包括道德与法治、品德与社会、心理健康和学科拓展。例如，我校语言、逻辑和科学学科建设就有自己的特点：

1. 语言与交流学科。加强语言学科建设，形成"2+X学科课程群"。"活

力学科"指基础学科课程和学科拓展课程共同发展，即"2+X学科课程群"，"2"是指语文、英语学科基础课程，"X"是指相应学科拓展课程。根据课程标准，结合我校的办学特色，语文和英语教研组的老师们充分发掘教师的潜力，开发和开设教师各个方面的才能，满足不同学生的发展需求。我们以丰富多彩的活动为载体，为学生提供充分的语言实践机会。通过创设和营造情境，以语言活动为载体，以口语交际为主题，充分利用各种教学资源，采用听、做、说、唱、玩、演的方式，为学生提供充分的语言实践机会。

2. 逻辑与思维学科。加强数学学科建设，形成"1+X学科课程群"。"1+X学科课程群"中的"1"是指数学学科基础课程，"X"是指数学学科拓展课程。生活处处有数学。不断开发数学课程资源，探索丰富多彩的教学形式。在学习中，可以引导学生从生活体验入手，运用数学资源把课堂以外的数学融入进去，也可以把教学活动拓展到课外，满足学生的需求，完成教学目标。

3. 观察与探索学科。我们处处以课程目标的达成和核心素养的落实为出发点和落脚点，在科学课程活动中，创造多种机会让学生进行科学探索，鼓励学生积极参与科学活动，不断发现问题，感受科学的奥秘，获取事实的证据，检验自己的想法，逐步形成严谨的科学态度。

（二）"活力学科"的评价标准

依据"活力学科"的内涵，学校制定以下评价标准（见表4-10）：

表4-10 合肥市翠庭园小学"活力学科"评价标准表

评价项目	评 价 标 准	分值	评价得分		
			教师自评	学生代表评价	课程组评价
学科开发 20%	与基础学科课程的密切联系	3			
	提高学生相关学科素质	7			
	体现育人目标	5			
	培养学生核心素养	5			
学科目标 20%	目标明确、清晰	7			
	体现学科基本理念和学科核心素养	6			
	贯彻因材施教的原则，发展学生潜能	7			

（续表）

评价项目	评价标准	评价得分			
		分值	教师自评	学生代表评价	课程组评价
学科内容20%	创造性地使用教材，注意学科知识之间的联系与融合，层次分明，教材框架清晰	7			
	科学、启发性强，重在培养学生自主、合作、探究的能力，激发学生的学习活力	6			
	观点新颖，前沿的教学思想含金量高	7			
学科评价20%	可操作性强，方法科学、灵活，具有激励性和启发性	20			
学生评价20%	对此学科活动感兴趣，能够满足自己的需要，愿意积极参与到课程中来	20			

三、创设"活力社团"，发展学生兴趣特长

"活力社团"是我校以面向全体学生，促进学生全面健康发展为需要，以"坚持文化知识学习和思想品德修养统一，坚持理论学习与社会实践统一，坚持全面发展与个性发展统一"为宗旨，以核心素养为依托开展的丰富多彩的社团课程。

（一）"活力社团"的主要类型

"活力社团"专题活动：以培养"德馨少年""多能少年""好学少年""重行少年""康体少年"为目标，落实在"修身""技能""思维""实践""健康"五类课程中。

1. 培养"礼貌诚信，富有爱心的德馨少年"，落实修身类课程。古人云："德乃立身之本。"作为新时代的小学生，除了要具备儒家道德教育学说精髓中最基本的"仁礼信"，还要遵守规则，拥有强烈的社会责任感。培养"礼貌诚信，富有爱心的德馨少年"是我校践行"修身"课程的目标。结合实际情况，根据课程规划以及时代需要，分年级设立"爱国故事会""爱心连连看""再现红色经典""爱心加油站""和谐点点赞"等社团活动，培养学生最终成为知礼、守礼、行礼的新时代好少年！

2. 培养"兴趣多元、素养全面的多能少年"，落实技能类课程。为了满足

学生的多元需求，发现学生真正的潜能和优势，促进学生的长远发展，让学生学有所乐，学有所成，找到适合自己的成长发展之路，努力创造开发每一位学生的潜能的平台，更好达到每一位学生素养全面发展与个性发展的统一，我校结合基础类课程的课程纲要以及课程规划方案，设置了"多能少年"为主题的技能类课程。技能类课程以"巧手之家""绘玩创想家""纸艺堂""水墨之韵""歌韵舒扬""舞韵霓裳""声势乐堂"等社团活动为载体，培养学生说、唱、画、跳等技能，让艺术的魅力浸润学子的心灵，使其逐渐成为兴趣多元、素养全面的多能少年。

3. 培养"善思好问，乐于探究的好学少年"，推进思维类课程。为了培养善思好问、乐于探究的好习惯，我校实施"语翠亭""智慧坊"课程，形成"思维探究类"课程群。通过"故事绘本""数字童话""创想故事会""演讲与口才""耘梦文学社""速算大王""统计乐园""数学趣题营"等社团活动，激励学生弘扬探究精神，持续地开展针对新事物的探究，积极主动地寻求"为什么"，在探究中提升学生的合作、敢于探索创新的能力，使其成为善思好问、乐于探究的好学少年。

4. 培养"注重实践，勇于创新的重行少年"，实现实践类课程。为了提升学生的创新素养，我校实施"科技创新"计划，形成"实践类"课程群。通过"科技动手做""创意达人"等社团活动，培养学生勇于探索的创新精神和解决问题的实践能力。利用选修的"创客联盟""科学小导演""果核宇宙""我型我秀""桥梁设计师"等特色社团不断提高学生的科学素养。

5. 培养"身体健康，心理阳光的康体少年"，推动健康类课程。结合校内外情况的分析，我校设置了深受学生们喜爱的各项活动，让每一个学生参与其中，进行锻炼。同时，社团活动与各级各类体育竞赛的有效结合更好地激发学生参与活动的兴趣，使其养成体育锻炼的习惯。为形成"运动健康"的特色，我们紧紧围绕培养健康学生的目标，开设了"绿茵小将""博弈高手""酷跑少年""灌篮高手""快乐体操"等课程，不断丰富完善运动健康课程。

（二）"活力社团"的评价标准

"活力社团"具有开放性、体验性、综合性等特点，学校坚持以评价为导向，从"社团机构与管理"和"活动组织和开展"两个维度进行评价。翠庭园小学"活力社团"评价标准表如下（见表4-11）：

表4-11 合肥市翠庭园小学"活力社团"评价标准表

项目	"活力社团"指标	得分	评价方式
社团机构与管理	1. 社团管理体制完善，机构设置合理，制定符合学生实际的社团建设实施方案。		
	2. 建立、健全并严格执行社团各项规章制度。		
	3. 社团会员人数适合，规模适度，成员资料档案齐全。		1. 实地查看
	4. 指导教师认真负责。		2. 材料核实
	5. 学生社团要突出学生个体的主体性和创造性，使学生在社团活动中自主自觉、健康发展。		3. 师生座谈
	6. 社团活动空间固定，环境良好，有相应的文化建设。		4. 活动展示
活动组织和开展	7. 经常和定期开展社团活动，组织有序、记录完善。		
	8. 社团活动内容丰富，形式多样，体现实践性和综合性。		
	9. 社团成员或集体活动成果显著。		
	10. 活动取得良好的教育效果，在学生中有一定影响。		

对社团课程的开发、课程执行力度、课程实施效果进行综合评价，家长也可对课程提出合理化的建议。翠庭园小学"活力社团"课程评价细目表如下（见表4-12）：

表4-12 合肥市翠庭园小学"活力社团"课程评价细目表

评价	社团课程的开发			课程执行力度			课程实施效果			综合评价
自我评价	☆	☆☆	☆☆☆	☆	☆☆	☆☆☆	☆	☆☆	☆☆☆	
学生评价	☆	☆☆	☆☆☆	☆	☆☆	☆☆☆	☆	☆☆	☆☆☆	
家长评价	☆	☆☆	☆☆☆	☆	☆☆	☆☆☆	☆	☆☆	☆☆☆	
家长对课程的合理建议										

四、创建"活力节日"，落实节庆文化课程

尊重中华民族传统文化，践行社会主义价值观一直是翠庭园小学的教育之根本。以内容丰富、形式多样，思想性、文化性强为特点的节目安排，突出和谐健康的节日理念，营造气氛浓郁的文化氛围，使学生感知中华民族优秀文化和传统美德。

（一）"活力节日"的主要类型

传统的中国节日，往往汇集着民族的精神和情感，肩负着中华民族的血脉和精华。翠庭园小学希望通过开展传统节日、红色节日、绿色节日等相关活动，加深学生对传统文化的感知。此次活动安排既要文明、喜庆，又要节约、精简，丰富和充实活动的内容形式，以深挖传统节日内涵为线索，使学生个个成为传统文化精神的"发掘者"。

中国传统节日，主要包括春节、元宵节、清明节、端午节、中秋节、重阳节等节日，以多种节日为契机，弘扬传统美德。红色节日，主要围绕雷锋日、七一建党节、八一建军节、"九一八"事变纪念日、10.13中国少年先锋队建队日、12.13南京大屠杀纪念日开展系列主题活动，学习红色历史，增强学生爱国主义情怀。绿色节日，主要围绕妇女节、植树节、中小学生安全教育周、劳动节、儿童节、中国消防宣传日、法制宣传日开展系列主题活动，培养积极健康、向上、文明、爱劳动的活力少年。

我们开展形式多样的节日活动。春节，开展民俗调查活动，要求学生了解有关节日的历史典故和民风民俗。清明节，开展"文明祭奠我先行"活动，要求学生领悟文明祭奠文化内涵。端午节，组织开展包粽子等富有传统节日文化内涵的社会实践活动。中秋节，开展以"团圆"为主题的网上寄语活动，向亲人表达团圆、思念的情感。重阳节，开展志愿者服务活动，组织小学生到社区敬老院走访慰问，为他们送去节日的祝福，培养学生从小敬老爱老。除此之外，还可以开展中华经典诵读活动、红歌传唱活动、演绎传统美德故事活动等等，激发学生热爱祖国、热爱家乡的情感，弘扬中华民族的伟大精神，在和谐的活动氛围中，增进师生爱国情感，弘扬中华民族的优秀文化，谱写翠小新篇章。

（二）"活力节日"的评价标准

"活力节日"课程以实践性、活动性为主。我们制定了"活力节日"的评价标准，对每个节日活动的目标、原则、活动主题、内容和方法进行评价（见表4-13）。

表4-13　合肥市翠庭园小学"活力节日"评价标准表

评价 指标	评 价 内 容	评价 分值
目标	1. 了解中国传统节日的由来以及风俗，引领孩子走进中国的传统文化，感受中华民族历史的悠久。 2. 培养学生的社会能力，培养学生的合作意识、团结精神。 3. 激发学生的民族自豪感。	
原则	1. 贴近生活原则。 2. 继承创新原则。 3. 实践体验原则。	
活动主题	1. 主题明确，贴近生活。 2. 尊重传统，弘扬传统。 3. 积极向上，有教育意义。	
内容	1. 内容新颖，培养爱国主义情感。 2. 弘扬传统美德，养成良好习惯。	
方法	1. 教师评价： （1）教师要有记录，如考勤评价记录。 （2）教师应妥善保存学生作品。 （3）教师听课后的评价。 2. 学生评价： （1）采用考勤评价，避免采用书面考试或考查方式。 （2）教师根据每个学生参加学习的态度进行评价，可分为"优""良""继续努力"记录，作为"优秀学生"评比条件。 （3）学习的成果比赛、评比，以汇报演出等形式展示，成绩优异者给予奖励。	

五、推行"活力之旅"，落实研学旅行课程

"活力之旅"旨在让学生走出课堂，贴近自然，通过精心安排的主题实践活动，让孩子亲身体验自然美景、风土人情，培养学习兴趣，开阔视野、增长知识。通过不同阶段的"活力之旅"，逐步培养学生的自理自立能力、沟通交流能力、实践探究能力，并能积极与他人合作，展现学生的活力和风采，在实践中茁壮成长。

（一）"活力之旅"的实践推进

根据不同学段的年龄特征，将"活力之旅"分为三个不同层次：低段——自然生态研学：引导学生观察大自然，学习正确的观察方法，记录自己的观察结果，让学生亲近大自然，感受自然之美，主动参与环境的保护；中段——科技探索研学：保持学生对未知的好奇心与求知欲，形成大胆猜想、尊重事实、勇于创新的科学态度；高段——徽州人文研学：了解徽州的历史文化，学习和传承中华民族优秀文化和革命传统。

1. 广泛宣传。通过致信家长、QQ群通知等方式，让家长了解"活力之旅"的意义，并提前告知出行路径、时间安排及安全事项等，将孩子的安全放在第一位。

2. 成立组织。建立"活力之旅"实施领导小组，精心组织，制定应急预案，对学生进行安全教育，强化安全意识。

3. 自愿报名。公布活动详细计划，由学生自愿报名参加。

4. 确定研学主题。充分调研并选择安全、主题鲜明的研学线路。同时安排相应的学科教师随行指导，围绕研学主题开展系列活动。设计以下内容实施表（见表4-14）。

表4-14　合肥市翠庭园小学"活力之旅"内容实施表

	年级	研学名称	内　　　容	时间
低段	一、二	自然生态研学	参观植物园、大蜀山森林公园、海洋馆等	每学期1次
中段	三、四	科技探索研学	参观科技馆、博物馆、科大讯飞等	每学期1次
高段	五、六	徽州人文研学	参观渡江战役纪念馆、三河古镇、西递宏村等安徽历史文化场所	每学期1次

（二）"活力之旅"的评价方法

根据"活力之旅"的内涵，设计以下评价标准表（见表4-15）：

表4-15　合肥市翠庭园小学"活力之旅"评价标准表

评价指标	评　价　内　容	评价分值
目标	1.主题鲜明、目标明确、立意新颖、寓意深刻 2.具有时代性、科学性、针对性、实效性、教育性 3.符合学生身心发展和成长	4—3—2

（续表）

评价指标	评 价 内 容	评价分值
内容	1. 贴近学生实际生活，分出层次，符合学生年龄特征和身心发展规律 2. 紧扣主题，教育意义和实践性强 3. 活动设计合理，操作性强，学生各方面能力得到提升	4—3—2
形式	1. 活动新颖、独特、多样，让学生充分展示活力和自我 2. 关注学生的个性和差异，注重培养学生的实践能力 3. 学生参与面广，能充分让学生互动体验 4. 能创设生动、活泼、有效的活动氛围	4—3—2
实施	1. 活动实施规范、有力、秩序井然 2. 活动安全措施到位，学生安全意识强 3. 组织高效	4—3—2
成果	1. 学生收获丰硕，体验和评价良好 2. 成果展示多，如心得体会、实践操作、演出展示等。 3. 活动宣传影响范围广，广受好评	4—3—2

六、聚焦"活力校园"，落实校园文化课程

"活力校园"是校园"活力教育"必不可少的一部分，与活力课程相辅相成。这里既有学生展示自我的舞台，又有学生自己动手实践的精彩赛事，让学生快乐地学习，让成长与发展结合，让孩子们学习在实际中运用，引导他们成为"求真知、善创造、敢拼搏、有担当"的活力学生，同时落实安全教育和法制教育，为学生的身心健康发展保驾护航。

（一）"活力校园"的主要类型

"活力校园"以校园科技节、艺术节、淘宝节、校园足球赛为载体，开展一系列富有本校特色的校园活动及比赛，同时定期开展各类安全教育和法制教育等活动。具体活动类型如下：科技节有科技动手做、科技创新比赛、科技实践活动等；艺术节有经典诵读比赛、英语歌曲大赛、创新思维大赛、绘画比赛、六一文艺汇演等；此外还有淘宝节，超冠杯足球赛，面向全体学生开展的每周安全教育、节假日安全教育、安全教育专题学习，应急疏散演练等。

1. 活动内容丰富。坚持以"校园节日"和"法制安全教育"两大体系交

织互补，努力打造"活力校园"课程。每年4—5月开展科技节活动，包括科技动手做、科技创新比赛、科技实践活动；每年5—6月开展校园艺术节活动，包括经典诵读比赛、英语歌曲大赛、创新思维大赛、绘画比赛、六一文艺汇演等；每年4月，采取班级循环赛的形式，开展超冠杯足球赛活动；每年12月举行淘宝节活动，以"淘宝节"的形式，引导学生树立节约理念，促进资源循环及综合利用。

2. 教学方法灵动。采用合作式、启发式、体验式等多种教学形式，定期开展各类教育，如面向全体学生开展每周安全教育、节假日安全教育、安全教育专题学习，应急疏散演练等；面向全体学生定期开展法制教育讲座，并进行板报宣传和法制教育主题手抄报制作。

（二）"活力校园"的评价标准

为了保证"活力校园"课程的有效实施，根据各项活动的特点，学校建立了"活力校园"课程的评价标准（见表4-16）。

表4-16　合肥市翠庭园小学"活力校园"评价标准表

活动名称	具体内容	评价标准	活动时间
科技节	科技动手做、科技创新比赛、科技实践活动等	1. 坚持三至六年级全员参与，点面结合； 2. 系列活动有序开展，各项目负责人责任明确，准备工作充分，活动过程安全； 3. 以学生为本，充分调动学生参与的积极性、能动性、创造性和实践性。	每年4—5月
艺术节	经典诵读比赛、英语歌曲大赛、创新思维大赛、绘画比赛、六一文艺汇演	1. 系列活动有序开展，各项目负责人责任明确，准备工作充分，活动过程安全； 2. 在校园中营造了较强的艺术氛围，学生的参与度高，取得一定的社会影响； 3. 提高学生发现美、鉴赏美、创造美的能力，发展他们的审美能力。	每年4—5月
淘宝节	以"淘宝节"的形式引导学生树立节约理念，促进资源循环及综合利用	1. 活动组织主题明确，各人员分工明确，活动安全顺利开展； 2. 学生全员参与学会如何推销和购买商品，初步了解市场经济、增强团队意识； 3. 体验环保，学会旧物循环利用，树立节约意识。	12月下旬
超冠杯足球赛	班级循环赛	1. 活动方案制定详细，严格按照规定执行比赛； 2. 各班积极参与，运动员、啦啦队组织有序； 3. 健康身体，增强班级凝聚力。	每年4月份

（续表）

活动名称	具体内容	评价标准	活动时间
安全教育	每周安全教育、节假日安全教育主题班会	1. 各班每周进行安全教育，确保每个学生牢记安全提醒信息； 2. 确保每位学生在指定时间内完成安全教育专题学习； 3. 学校确保各部门每月开展一次应急疏散演练（寒暑假除外）； 4. 增强学生安全意识和保护意识。	每周进行
法制教育	板报宣传、手抄报制作、定期开展法制教育讲座	1. 学校定期安排各类法制教育活动，确保每位同学都参与进来； 2. 帮助学生建立国家、国籍、公民的概念，树立法律面前人人平等的观念，建立规则意识； 3. 培养学生的法制观念，使其遵法守法。	每学期1—2次

七、整合"活力项目"，落实专题教育课程

（一）"活力项目"的实施

"活力项目"课程面向全年级铺开。每个年级都以不同主题为切入点，号召学生家长积极参与研究，树立正确的价值观和社会观；同时让学生养成文明礼仪风范，促进学校校风更上一个新的台阶。

1. 专项课程设置。学校将课程纳入正式课表，每周每班各安排一个课时。教师通过课堂，有计划地对学生进行系统的德育教育。学生学习礼仪知识，从整体上提高文明礼仪风范。

2. 学科渗透。各学科教学之中继续渗透德育教育，课堂上随时进行文明行为礼仪的引导与教育。

3. 调查走访。走访红色基地、博物馆等，了解中华礼仪，同时学习礼仪知识。

（二）"活力项目"的评价标准

"活力项目"的评价注重对学生学习过程的评价，关注学生的个性差异，关注学生的成长，建立档案袋评价模式，培养学生独特思维和创新意识（见表4-17、4-18）。

表4-17　合肥市翠庭园小学"活力项目"课程学习成长记录卡

班别：　　　　　　　　　　　　　　　　　　姓名：

主题名称	
活动时间	活动方式
组长	小组成员
本人承担任务	
本人的体会、感受	
自我评定	
家长或专业人士评价	
指导老师评语	
成果形式和进入档案袋的成果名称	
评定星级	

表4-18　合肥市翠庭园小学"活力项目"课程学习年度综合评定表

评定项目	具 体 内 容	评 价 等 级				自评与他评
		A	B	C	D	
情感态度	积极参与活动					我对自己的评价：
	主动提出设想、建议					
	不怕困难和辛苦					
合作交流	主动和同学配合					同学们对我的评价：
	乐于帮助同学					
	认真倾听同学的观点和意见					
	对班级和小组学习作出贡献					
学习技能	活动方案构思新颖					父母对我的评价：
	会用多种方法搜集、处理信息					
	实践方法、方法多样					
实践活动	积极动脑、动口、动手参与					老师对我的评价与激励：
	会与别人交往					
	活动有新意					
	关注社会、关注环境					
成果展示	成长记录袋					
	表演、竞赛、汇报等					
	成果有新意					
回顾一学年，我的感想：						

　　总之，课程是一个长长的跑道，要让学生"跑"起来，到达属于自己的终点。学校以"春晖沐禾，翠色满园"为办学理念，翠庭园课程基于学校办学理念、教育哲学、课程理念以及对课程的认识，有了自己的"翠庭园课程"模式。通过课程的实施，让所有的学生都呈现出蓬勃向上的生长态势，也展现出各自的不同，成为德能并重、知行合一的活力少年。

（撰稿者：詹　彤　刘　敏　窦礼云　伍海峰　王苗苗　许　诺）

第五章

很多学校的校名在创建之时并无特殊意义。学校可以通过后期校训、校风、学风、课程开发等方面的赋意丰富校名的文化内涵，使其成为一所学校的名牌。课程建设使得校名在发挥重要标志作用的同时散发出浓郁的哲学魅力。学校可以强化以校名为基础的教育品牌意识，从校名中提炼教育哲学及基于教育哲学的课程理念。

赋予校名以丰富内涵

校名有很多来源和内涵，有的追求文化内涵，有的纪念励志名人，有的继承历史传统，也有很多校名直接起源于其所处的区域位置。为了直观，中小学的名称多来源于小区名、路名或地域名，起初并无特殊的内涵。但是，学校的设立意味着课程使命的确立，很多学校在课程建设过程中将校名与教育相结合，形成了独特的学校课程哲学，让冰冷的校名有了灵魂和使命，让校名闪烁着生命的灵动。课程哲学与校名结合，不应是生搬硬套，也不应是毫无情感的被动接受，而应是经过长期的发展与积淀全面表现出来，扑面而来的。这就需要一所学校的主体人员用独特的处世态度和做事方式引领学校课程建设，学校的教师和学生共同开发特色课程，培育特色课程，让全体成员认为这个学校的课程是有鲜明魅力的，校如其名的。

合肥市绿怡小学的教育哲学是"怡教育"，"怡"取自校名"绿怡小学"中的"怡"字。"怡教育"就是要让每个学生快乐学习，健康成长，个性彰显，全面发展，触动心灵，打开心扉。其精髓表现为：是快乐的教育，让每个孩子快乐学习，健康成长；是和谐的教育，让每个学生个性彰显，全面发展；是走心的教育，触动每个学生的心灵，打开他们的心扉。

基于学校"绿意盎然，怡悦生长"的办学理念，秉承着让学校成为充满盎然生机的地方，让每个孩子都能快乐地成长的信念，学校确立了"书写怡悦的人生画卷"的课程理念。学校倡导课程是生命书写、是怡悦旅程、是美好情愫、是人生画卷，引导学生们书写好圣洁的"人生第一卷"。

校名中蕴含的课程哲学让绿怡小学的课程特色非常突出。"画卷式课程"的实施，让校园呈现出一股盎然的生机。师生将在课程体验中收获快乐和成长，描绘出最美的人生画卷！

（撰稿者：王　莹）

文化坐标　合肥市绿怡小学
课程哲学　书写怡悦的人生画卷

合肥市绿怡小学于2004年9月创建，坐落在风景秀丽的政务区天鹅湖畔。目前共有师生1 600余名，32个教学班。校园内芳草如茵，秀木成行，假山河石点缀其间。学校先后获全国青少年足球布局学校、合肥市素质教育示范校、合肥市足球特色学校等荣誉称号。一石一木皆本真，艺术诗意的环境将绿怡小学环绕在内。学校西侧赖少其艺术馆为安徽省及合肥市爱国主义教育基地、文化艺术交流平台和宣传窗口；东南侧的古玩城是合肥市古玩交易场所、古董鉴定平台；北侧匡河，碧水荡漾，柳树成荫；西南侧天鹅湖，环湖各色景观，构成了大型开放式公园；湖畔坐落着安徽省博物馆、合肥大剧院等，这些艺术诗意的环境是培养孩子了解美、欣赏美、鉴赏美的本真基石。

第一节

书写怡悦的人生画卷

一、学校教育哲学

在长期的历史发展过程中，学校一直秉持"志存高远，自强不息"的校训。基于学校已有的办学理念及对教育本质的认知，为了更好地传承优秀文化基因，适应新时期教育发展的需要，我们确立了学校教育哲学——怡教育。"怡"取自校名"绿怡小学"中的"怡"字。"怡"，《说文解字》曰："怡，和也。"[1]《尔雅》释："怡，乐也。"[2]《礼记·内则》注："怡，悦也。"[3]

"怡教育"是快乐的教育，旨在让每个孩子快乐学习，健康成长。在此精神的指引下，我们以培养孩子拥有蓬勃健康的生长方向为切入点，以培养孩子拥有健康稳定的生长动力为着眼点，以激励为手段，以课程为依托，努力唤醒孩子的内驱力和上进心，力争使每个孩子快乐学习，健康成长。

"怡教育"是和谐的教育，旨在让每个孩子展现个性，全面发展。在此精神的指引下，我们用发展的眼光、宽容的心态对待与包容孩子，尊重孩子个体间的差异，引导孩子奋发学习、自主生长，让每一个孩子能够学有所长，长足发展。

"怡教育"是走心的教育，旨在触动每个孩子的心灵，让他们打开心扉。用心倾听孩子的心声，用眼发现孩子的闪光点，用情感染，用爱点燃，给予

① 胡志天.浅析《说文解字》中"心"部字的文化意蕴［J］.青年文学家，2017（24）：179.

② 管锡华译注.尔雅.中华经典名著全本全注全译丛书.［M］京：中华书局.2014.

③ 胡平生，张萌译注.礼记.［M］京：中华书局2017.

他们信心，让他们真正找到自己的位置，在人生的航道上乘风破浪，扬帆起航。

总之，"怡教育"就是要让每个孩子快乐学习，健康成长，展现个性，全面发展，触动心灵，打开心扉。绿小学子们犹如迎风摇曳的花朵，植根课程的土壤，朵朵含苞待放。他们对自己充满信心，对明天充满希望，在小学阶段打好基础，积蓄力量，养成独立个性，健全美好人格，最终成为一个全面发展的人。

基于上述教育哲学，学校确定的办学理念为：绿意盎然，怡悦生长。我们希望学校是充满盎然生机的地方，每个孩子都能快乐地成长。我们秉持以下教育信条：

我们坚信，

学校是怡美的生长乐园；

我们坚信，

每个孩子都是怡然生长的那株绿；

我们坚信，

每一株绿都是一幅美丽的人生画卷；

我们坚信，

引导孩子怡悦生长就是教育最美的语言；

我们坚信，

欣赏孩子描绘的人生画卷是老师的幸福所在。

二、学校课程理念

人生如同一幅画卷。学校课程设置就是帮助每一个孩子用心描绘自己独一无二的人生画卷。基于上述教育哲学，我们提出"书写怡悦的人生画卷"的课程理念。

——课程即生命书写。每个孩子都是独特的生命个体，天真烂漫、活泼懵懂。如何滋养这些可爱的小生命，是学校教育的重任，是课程理念的核心。绿小"画卷式课程"让每个生命个体从中汲取营养，蓬勃向上，自然生长。自我教育才是教育最核心、最纯真的力量。鲜活的生命个体在课程中徜徉，不断地吐纳、丰厚、壮大，每时每刻都在书写自己的人生。

——课程即怡悦旅程。陶行知曾说："生活即教育。"教育是生活的过程，课程是教育思想在生活中的细化。春风十里，我们能想到最幸福的时刻，就是陪着你们踏上人生的旅程。从初入小学时的天真孩童，到毕业时意气风发的少年，六年的小学生活不就是一段旅程吗？从初出茅庐的教学新手到挥洒自如的杏坛高手，教师的专业成长像不像一段旅程？也许会遭逢坎坷或失败，也许会经历忧伤和迷茫，但收获更多的却是怡悦和成长。绿小"画卷式课程"如同涓涓细流，滋润着师生的心灵。孩子们能享受学习之快乐，老师们也能体验教育之幸福。孩子，你我同行！怡悦生长、一路花香，绿意盎然、一路欢畅。

——课程即美好情愫。教育塑造、锤炼人的灵魂，课程培育、提升人的精神，永远与美好相伴相依。绿小"画卷式课程"着力于每一堂实实在在的课，针对每一位孩子，用丰厚的课程去滋养学，用睿智的思想去启迪学，用人性的光辉去感召学，让孩子在学习中体会快乐，在成长中持续发展，在实际中灵活运用。

——课程即人生画卷。百花齐绽的学科教学，异彩纷呈的社团活动，盛大庄重的节日庆典，知行合一的综合实践……，"画卷式课程"在孩子眼前徐徐展开一幅规模宏大、色泽艳丽、包罗万象、妙趣横生的画卷。时光流影、文明积淀，这幅画卷需要孩子不断学习、不断汲取，才可一点点推动卷轴，欣赏其美。

总之，课程是生命书写，是怡悦旅程，是美好情愫，是人生画卷。行走在课程中的学子也在书写自己的人生画卷。面对几乎白纸一样的孩子，引导他们书写好圣洁的"人生第一卷"，是绿小"画卷式课程"努力追寻的目标。希望经历课程的滋养，绿小学子可以手握智慧之笔，为自己的人生画卷打好底色。

第二节

引导孩子怡悦生长

学校课程目标以育人目标为导向，是育人目标的具体体现。我校从育人目标入手，对课程目标进行分年段设定。

一、育人目标

依据国家教育方针，立足于学校教育哲学、办学理念和孩子发展的需求，我校确立育人目标为：做一名"知书达理，体健志坚"的绿小学子。具体内涵如下：（1）知书：爱学习、能创造；（2）达理：明礼仪、会审美；（3）体健：健身心，善交往；（4）志坚：有担当、敢拼搏。

二、课程目标

学校的育人目标通过课程来达成，根据孩子的年龄特点，我们设置了具有系统性、发展性、梯度性的"画卷式课程"分年段课程目标（见表5-1）。

表5-1 合肥市绿怡小学"画卷式课程"分年段课程目标表

育人目标 \ 课程目标 \ 年级	低 年 级	中 年 级	高 年 级
爱学习	兴趣广泛、热爱学习，养成爱读书、爱接收新知的好习惯。会学习，有一定的学习方法。	广泛阅读课外书籍，广泛参加社会实践，获取更多知识和技能，能体会学习的快乐，善于总结科学的学习方法。	热爱基础性课程，对多学科、跨学科的学习生活有兴趣，善于归纳总结科学的学习方法，有自己的一技之长，用自己的学习方法指导生活。

育人目标＼课程目标＼年级	低 年 级	中 年 级	高 年 级
能创造	善于观察，有自己的独特想法。乐于创造，勤于动手动脑。	会创造，有动手能力、思辨精神、创造精神。能够主动地改造生活，让生活更加美好。	拥有一定的动手能力和创造力。能主动管理好自己的生活并积极地影响他人。
明礼仪	友善待人，讲真话、做实事，乐于奉献。说文明用语，礼貌待人。在日常的学习和生活中，能做到尊老孝亲、尊敬师长，主动帮助有困难的人。	知书达理，对待不同的人，会依据身份、年龄、场合、环境，展现出合适的言行举止。积极乐观、蓬勃向上，彰显少年儿童的活力与阳光。有礼貌，行为得体。	做真实的自己，修身养性，不断完善自己。彬彬有礼，努力做到明辨是非、知晓善恶。外在约束自己的言行，努力做一名谦谦君子，用雅致的品格感染周围人。
会审美	喜爱生活，热爱美好，能感受生活的美丽和乐趣。	能够发现、感知生活中的美好事物。尝试创造美好的事物。开发艺术的感知力，体验艺术带来的美感。	拥有一颗灵动的心，对美有感知能力和鉴赏能力。能发挥自身特长创造美好事物。主动用自己对美的追求和感受去影响他人。
健身心	有爱心、同情心，热爱集体，关心同学，尊重师长，友善待人。学习基本的身体活动方法和体育小游戏。积极参加体育锻炼，健康生活。	拥有美好的心灵和健康的情趣，善良不自私，能够感受他人的喜乐，用实际行动践行内心的善良。热爱运动，有自己喜爱的体育项目。引导孩子形成团队合作、竞争的意识。	做正直、善良、勇敢的人；知行统一，做新时代好少年。主动在学校、家庭、社会行善。科学参与体育锻炼。发展身体素质，具有关注自己健康的意识，学会通过体育活动等方式控制情绪。
善交往	能和同学和睦相处，不争吵。与他人互动沟通，落落大方，谦谦有礼。做良好的倾听者，努力了解别人表达的主要内容，有表达自我的信心，勇于表述自己的内心想法。	能够与他人合作解决问题，能够在团队中找到自己的位置并发挥作用。主动倾听，能把握他人谈话的主要内容，与人商讨不同的意见，能够清楚地表达自己的感受和见解，加强合作精神。	培养善于表达、观察、比较、辨别、概括的能力，拥有善于沟通、分享、合作和交流的能力。能够换位思考，能够感受他人的处境。意见不一致时，能通过沟通和协调，达成统一，促使事件顺利进行。

课程目标 / 育人目标 \ 年级	低 年 级	中 年 级	高 年 级
有担当	自己的事情自己做。在学校、家庭、社会，做一名自立的孩子。	有独立意识，有自立精神。不依赖他人，有自律精神。有追求真理的信念和习惯。做真实的自己，拥有个性与特长。	学会自主获取真知、真理的方法和渠道；努力做到明辨是非、知晓善恶；能做到坚持自己的信念，做真实的自己，学习各项知识和技能，修身养性，不断完善自己。
敢拼搏	不怕困难，不怕挫折，面对未知，敢于拼搏。迎难而上，战胜自我。	有团队意识，内心坚强。有全局意识，能看到希望。能承受风雨，能愈挫愈强。	有坚定的信念，有对成功的渴望，化渴望为动力，一点一滴地取得实实在在的进步。用自己顽强拼搏的精神激励他人。

第三节

描绘画卷式课程图谱

基于学校"怡教育"的教育哲学及课程目标，学校开发设置了"画卷式课程"的课程体系。

一、课程逻辑

学校课程逻辑如下（见图5-1）：

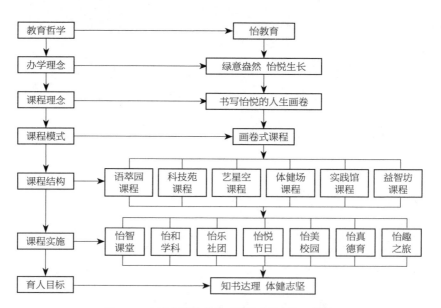

图5-1 合肥市绿怡小学"画卷式课程"逻辑图

二、课程结构

学校以"画卷式课程"为载体，致力于实现绿怡学子"知书达理，体健志坚"的育人目标。依据育人目标与多元智能理论，建构了学校"画卷式课程"的课程体系，具体包括语萃园（语言与交流类）、科技苑（探索与科学类）、艺星空（艺术与审美类）、体健场（体育与健康类）、实践馆（自我与社会类）、益智坊（逻辑与思维类）六大类课程（见图5-2）。

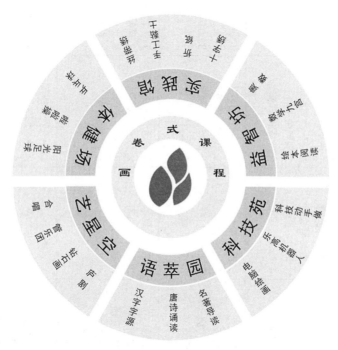

图5-2　合肥市绿怡小学"画卷式课程"图谱

三、课程设置

基于上述课程结构，我校课程设置如下（见表5-2）：

表5-2 合肥市绿怡小学"画卷式课程"各年级设置表

课程 年级	语 苇 园	科 技 苑	艺 星 空	体 健 场	实 践 馆	益 智 坊
一上	1. 自然拼读 2. 绘本阅读 3. 趣味拼音 4. 汉字字源	1. 科学家的故事 2. 花坛里有什么 3. 创意手工坊 4. 乐高机器人 5. 科幻画	1. 巧手面泥馆 2. 水彩笔绘画 3. 恰悦折纸 4. 畅想科幻画	1. 小小乒乓球 2. 快乐小青蛙 3. 宝贝快站好 4. 沙包快到碗里来	1. 你好，小学 2. 家务小能手 3. 浓浓的亲情 4. 我来做贺卡	1. 恰悦折纸 2. 巧手会写数 3. 玩转七巧板 4. 加法算理我来说
一下	1. 猜谜语 2. 绘本阅读 3. 礼书仪式 4. 汉字字源	1. 科学常识 2. 植物栽培 3. 创意手工坊 4. 乐高机器人 5. 科幻画	1. 形体训练 2. 线描画 3. 钻石画 4. 水果拼盘	1. 灵活的小宝贝 2. 我的沙包最漂亮 3. 翻滚吧小宝贝 4. 谁最快（整理书包）	1. 走进动物园 2. 入队仪式 3. 祖国我爱你 4. 小小的心愿	1. 手工黏土 2. 数学与科学 3. 世界数字 4. 走进数学家
二上	1. 有趣汉字 2. 词语接龙 3. 动漫唐诗 4. 学查字典	1. 科学实验 2. 生活中的对称 3. 有趣的七巧板 4. 快乐购物 5. 乐高机器人 6. 科幻画	1. 轻盈瑜伽 2. 快乐合唱团 3. 趣味剪纸 4. 艺术插花	1. 每天开心跳 2. 体操小能手 3. 投掷小健将 4. 接力小明星	1. 畅游海洋馆 2. 落叶巧搭配 3. 小小建筑师 4. 我是红领巾	1. 钻石贴画 2. 计算大本营 3. 巧手拨数 4. 数字巧接龙
二下	1. 神话故事 2. 成语接龙 3. 动漫唐诗 4. 趣味歇后语	1. 趣味魔方 2. 生活小能手 3. 有趣的水 4. 走进动物园 5. 乐高机器人 6. 科幻画	1. 葫芦丝 2. 打击乐 3. 手工黏土 4. 铅笔书写	1. 每天花样跳绳 2. 呼啦圈表演 3. 投掷小健将 4. 接力小明星	1. 走进植物园 2. 我爱妈妈 3. 走进图书馆 4. 安全小卫士	1. 丝带绣 2. 创意折纸 3. 拼图小比拼 4. 我是小会计

课程 年级	语荟园	科技苑	艺星空	体健场	实践馆	益智坊
三上	1.寓言故事 2.书法大观 3.唐诗诵读 4.名著导读	1.变废为宝 2.博物馆探秘 3.电脑绘画 4.乐高机器人 5.剪纸	1.百灵鸟声乐 2.悠悠竖笛 3.纸的魅力 4.线描世界	1.毽子小将 2.跃来跃高 3.疾飞少年 4.我会往返跑	1.走进渡江战役纪念馆 2.我来学雷锋 3.节约我最行 4.小小监督员	1.乐高机器人 2.电脑动漫 3.我会计算 4.搭配中的学问
三下	1.成语故事 2.合肥名人 3.走近馆藏 4.名著导读	1.走近匡河——植被生长规律 2.24点 3.电脑绘画 4.剪纸 5.乐高机器人	1.民族舞蹈 2.手工制作 3.软笔书法 4.口风琴	1.快乐跳绳 2.运球能手 3.阳光足球 4.快乐轮滑	1.走进科技馆 2.小树我来栽 3.深深思念情 4.环保小英雄	1.课本剧 2.趣味24点 3.我是小柯南 4.身体中的"尺"
四上	1.中华英雄故事 2.诗词吟唱 3.课本剧表演 4.硬笔书法	1.自然探密 2.自制手电筒 3.科幻画 4.气象观察 5.乐高机器人	1.返璞陶艺 2.艺术绘本 3.十字绣 4.电脑绘画	1.毽子小将 2.健康小卫士 3.我运动我快乐 4.乒乓小将	1.老师辛苦了 2.我是小农民 3.走进地质博物馆 4.啄木鸟鸟纠错	1.手工编织 2.小木匠 3.打字能手 4.我为同学编学号
四下	1.我是推普员 2.诗词吟唱 3.我爱旅游 4.硬笔书法	1.科技DIY 2.方格中的数学 3.科幻画 4.乐高机器人 5.走进古玩城	1.纸盘画 2.钢笔书法 3.恰悦合唱 4.儿童瑜伽	1.体操我最棒 2.跑步我最快 3.武术我会打 4.足球我会玩	1.劳动最光荣 2.勇敢的登山员 3.一起包粽子 4.小小解说员	1.陶艺制作 2.抽奖中的学问 3.小数点的大学问 4.时间中的小秘密

（续表）

课程\年级	语蕾园	科技苑	艺星空	体健场	实践馆	益智坊
五上	1.小小解说员 2.小古文入门 3.话说家乡 4.名著导读	1.航模达人 2.纸牌搭桥 3.探秘植物园 4.科技动手做 5.乐高机器人 6.科学小论文	1.中国水墨 2.丝带绣画 3.悠扬陶笛 4.啦啦操	1.阳光足球 2.健康小卫士 3.我爱田径 4.抛出美丽的彩虹	1.走进恐龙馆 2.小小安全员 3.学做陶瓷 4.生活小能手	1.象棋世界 2.我是计算小能手 3.围棋天地 4.包装设计师
五下	1.小小主持人 2.小古文入门 3.讲故事比赛 4.名著导读	1.统计趣学 2.Flash动画 3.报纸建桥 4.科技动手做 5.乐高机器人 6.科学小论文	1.民歌大家唱 2.手抄报 3.快乐轮滑 4.恢宏管乐	1.翻出最美的圆圈（体操） 2.奔跑的健儿 3.反转的世界 4.健美操小健将	1.家乡在我心 2.走进徽园 3.小小戏曲家 4.我是设计师	1.立体纸塑 2.数学应用家 3.春游出行我设计 4.我有妙法测体积
六上	1.课本剧 2.硬笔书法 3.读《论语》 4.名著导读	1.科普调查 2.天鹅湖环保行 3.创意编程 4.科学创想秀 5.乐高机器人 6.科学小论文	1.黄梅戏 2.小小指挥家 3.版画世界 4.庐剧荟萃	1.阳光足球 2.男生女生 3.体质我最强 4.快乐的舞蹈	1.走进安徽名人馆 2.小小烘焙师 3.一起来敬老 4.文明监督岗	1.科学幻想画 2.无线电小制作 3.生活中的圆 4.我是小管家
六下	1.名篇我来背 2.读《论语》 3.硬笔书法 4.名著导读	1.科学DV 2.多变的月亮 3.创意编程 4.科学创想秀 5.乐高机器人 6.科学小论文	1.京剧游园 2.露雾街舞 3.旅游手账 4.电脑动漫	1.我是解放军 2.奔跑的旋律 3.封门我最准 4.运动的乐趣	1.我是小商人 2.我是小法官 3.少先队风采 4.感恩他人	1.简易搭桥 2.红绿灯指挥忙 3.玩转飞碟杯 4.百变魔方

第四节

获得精神上的满足与快乐

课程的实施与评价体现了对课程理念的贯彻与执行，是一个行动的过程。绿小"画卷式课程"从"怡智课堂、怡和学科、怡乐社团、怡悦节日、怡美校园、怡真德育、怡趣之旅"七方面进行实施和评价，让每一个孩子获得精神上的满足与快乐。

一、构建"怡智课堂"，扎实有效实施学校课程

（一）"怡智课堂"的内涵

充实而有趣味的课堂是课程落实的有效载体。我们的"怡智课堂"是生气勃勃的课堂，每个孩子都能在课堂中自主学习、主动发展、愉悦成长。

"怡智课堂"是智慧的课堂。此课堂要求思路清晰、环节简化、方法灵动、提问有效。学习方式个性化、多样化，直指教学目标，聚焦孩子学习经验和思考过程，准确发现和捕捉课堂上孩子学习的生长点，师生在智慧的碰撞中实现优质的课堂。

"怡智课堂"是愉悦的课堂。它是教学相长的平等对话，是民主尊重的多元互动，是优势互补的和谐交往，是师生关系的完美体现。在积极、愉快的互动中相互沟通，形成师生的共识、共悦，从而达到愉悦、和谐。

"怡智课堂"是自主的课堂。教师精心设计和指导，启迪孩子自主地学习。通过自主真实能动的学习探索，孩子积极完成知识的建构，促进孩子技能形成、能力发展、人格完善。

"怡智课堂"是生成的课堂。孩子的主体作用得以自然回归，孩子探求新知的欲望得以调遣，课堂教学的真实有效性得以凸显，教师的课堂机智和教学艺术得以淋漓尽致地展现。教学内容丰富，基于教材，立足学科素养，将课程变得更丰富。

"怡智课堂"是合作的课堂。合作学习激发了孩子学习的自主自觉性，提高了孩子的参与度，强化了孩子学习的责任感以及对合作伙伴的关注。体现孩子对知识获取的渴望、有敏锐的问题意识、有参与交往合作的精神、有自我管理的能力。

综上所述，"怡智课堂"是智慧、愉悦、自主、生成、合作的课堂，"学情"是"怡智课堂"的核心关注点。在实施推进"怡智课堂"的过程中，学校从引导老师坚持"以生为本"的理念着手，通过青蓝工程、推门听课以及教师展示课等方式提高课堂教学质量，扎实推进"怡智课堂"建设。

（二）"怡智课堂"的评价标准

依据"怡智课堂"的内涵，为促进孩子的持续全面发展，促进教师教学能力的不断提高和充分调动教学双方的有效互动性，学校特制定以下评价标准（见表5-3）：

表5-3 合肥市绿怡小学"怡智课堂"教学评价标准表

类别	指标	标 准 解 读	效果
教学目标	自主	1. 基于课标和学段要求设定学习目标，紧扣教材，切合学情。	
		2. 将"三维目标"有机渗透到学习目标中，做到具体、可操作、可检测，直指核心素养。	
教学内容	生成	1. 主线清晰，重难点突出；结构合理，循序渐进。	
		2. 能够根据内容分配时间，单位时间效率高。	
		3. 课堂立足学科素养，教学内容丰富。	
教学方法	合作	1. 让孩子在课堂中充分发挥自主权，倡导个性化、多样化学习，实现自组织、多元互动、和谐共生的多种学习方式。	
		2. 切实贯彻"以学定教"原则，最大限度地了解孩子学习中遇到的问题，并对问题进行梳理归纳，聚焦问题。	
		3. 激励孩子在课堂中勇敢质疑，勇于表达新观点。	
		4. 学习目标问题化，明确学习任务，激发孩子探究新知的热情。	

类别	指标	标　准　解　读	效果
教学策略	智慧	1. 用问题引领、指导孩子探究，孩子自主探究时间充分。	
		2. 教师参与到孩子的探究活动中，能兼顾到各个层面的孩子。	
		3. 孩子参与展示交流时，态度积极，参与面广，参与度深。	
		4. 孩子在自学和展示的过程中，体现合作、探究、实践、质疑等学习方式，孩子能够恰当评价，教师进行适时引导，关注有效生成，问题获得解决。	
师生表现	愉悦	1. 教师努力设计相关问题，激发孩子思维的发散性和探究性，留足探究问题的空间及互动的交流时间。	
		2. 在达成目标以及方法的实现上，尽可能照顾到孩子的个体差异，考虑孩子的心理需求，促使其主动建构知识的丰富内涵。	
		3. 创设问题情境，在宽松、民主、和谐的氛围中，引导孩子参与主体教学活动，引领孩子巧妙运用多种学习方法，体验学习过程。	
本课的亮点：		独特的感受：	

二、建设"怡和学科"，推进学科课程实施

"怡和学科"以学科课程为核心，以教学质量为抓手，根据孩子年龄特征、发展阶段、现有认知、生活体验等，挖掘课程的生长点，拓宽课程的广度和深度，形成具有学科特色的学科课程群，不断提升课程品质。

（一）"怡和学科"建设路径

根据学校师资情况，结合教师自身特长，以国家课程为基础，自主研发适合本校孩子发展、突出学科特点的拓展类课程，打造特色学科课程群。通过学科课程群的实施，激发孩子潜在的兴趣点，促进其多方面发展。

1. "致真语文"课程群。"致真语文"让孩子在宽松、愉悦的氛围中养成"说真言、做真事、会真思、懂真情、做真人的良好品性，丰富精神世界"。"致真语文"是尊重孩子真实发展的语文，是立足生活的语文，是引导孩子真实情感体验、思考、探究的语文，是弘扬传统、滋养灵魂、积累运用祖国语言文字，浸润师生不断成长的语文。在按要求完成十二册统编语文教材的学习之外，我校根据不同孩子的层次需求，开发了多元化的拓展课程（见表5-4）。

表5-4 合肥市绿怡小学"致真语文"课程设置表

课程\年级		致真识写	致真阅读	致真写作	致真交际	致真综合
一年级	上学期	趣味拼音	三字经	一句话表达	小主持人	探秘自然
	下学期	生字对对碰	开心绘本	一句话表达	一起做游戏	了解姓氏
二年级	上学期	有趣的形声字	童谣儿歌	看图写话	看图说话	二十四节气
	下学期	快乐字典	童话故事	看图写话	有趣的动物	二十四节气
三年级	上学期	字谜游戏	笠翁对韵	景物写作	名字里的故事	传统节日
	下学期	硬笔比赛	寓言故事	植物写作	身边的小事	传统节日
四年级	上学期	巧记多音字	唐诗宋词	人物写作	每日播报	走进匡河
	下学期	成语接龙	神话故事	动物写作	历史故事	创编诗集
五年级	上学期	汉字六书	小古文	好书读后感	民间故事	妙趣楹联
	下学期	听写大赛	古典名著	漫谈批注	小讲解员	调查报告
六年级	上学期	说文解字	小古文	简单应用文	小演说家	成长印迹
	下学期	名家书法	外国名著	感恩母校	小辩论家	毕业绘本

我们遵循语文教育教学和孩子认识发展及成长规律，稳步推进并逐步完善"致真语文"课程设置，让学习水到渠成，体现真实、自然与美。为了保证课程的有效实施和不断发展，我们制定出"致真语文"课程实施的路径，从打造"本真课堂"，倡导"纯真学习"，设立"真情语文节"，建立"真味社团"这四条路径，推进"致真语文"课程的实施并设定相应的评价机制。

2."益智数学"课程群。"智"即聪明、见识、智慧，益智即增益智慧。我校构建的"益智数学"课程群就是希望孩子在数学学习的过程中变得更有见识、更具智慧，让智慧在数学中飞扬。除国家规定的基础课程之外，"益智数学"课程种类丰富（见表5-5）。

表5-5 合肥市绿怡小学"益智数学"课程设置表

年级	课程	益智计算	益智创意	益智统计	益智实践
一年级	上学期	口算小能手	快乐拼搭	环保小卫士	购物小达人
	下学期	计算小行家	你说我搭	超市小买手	填数游戏1
二年级	上学期	除除有余	有趣七巧板	我是小管家	红绿灯指挥忙
	下学期	易学算术	拼图小比拼	巧手分一分	明星设计师
三年级	上学期	巧算专家	巧数接龙	完善图书角	我是小会计
	下学期	妙趣算算算	彩绘数学	零用钱调查	填数游戏2
四年级	上学期	数学百分百	百变人民币	精彩足球赛	生活中的数学
	下学期	数学大通关	指尖数学	生活中的统计	巧玩扑克牌
五年级	上学期	计算高手	小脚丫走天下	有趣的测量	节约用水
	下学期	小交易	火柴游戏	幸运大转盘	相遇问题
六年级	上学期	分数计算	滴水实验	设计游戏规则	旅游中的数学
	下学期	计算风暴	数学探秘	大展宏图	包装方案

"益智数学"课程的宗旨是让孩子在理解数学知识的同时掌握数学方法，形成数学技能，领悟数学思想，让孩子的聪明才智在探索学习中飞扬闪耀。通过课程的有效实施，全面提升孩子的综合素养。

3."怡趣英语"课程群。"怡趣英语"课程力求营造舒心愉悦的学习氛围，让孩子能够感悟英语学习的快乐，保持英语学习活动的持续性与积极性，在英语语言的学习和运用中，扩展文化视野，丰富思维方式，乐于自我管理，积极投入并主动调适英语学习策略，帮助孩子形成英语学科核心素养。基于此，除国家开设的基础课程之外，我校又研发了以下拓展类课程（见表5-6）。

表5-6　合肥市绿怡小学"怡趣英语"课程设置表

课程 \ 年级	基础课程	拓展课程		
	校本/国家教材	识认听读	精品阅读	口语写作
一年级	人教版PEP 一年级起点	字母开花	绘本入门	你说我答
二年级	人教版PEP 一年级起点	畅听歌谣	图文并茂	悦读分享
三年级	人教版PEP 三年级起点	你说我听	书中识趣	妙语生花
四年级	人教版PEP 三年级起点	词语风暴	绘本飘香	津津乐道
五年级	人教版PEP 三年级起点	声临其境	书不释手	我写我秀
六年级	人教版PEP 三年级起点	绘声绘色	乐写善思	多维习作

　　"怡趣英语"课程在"怡然和趣味共生"理念的引导下，致力于通过开发和融合多种课程资源，激发孩子学习英语的兴趣，拓展英语学习的领域，促进孩子思维的发展。英语学科组全体老师通过确立共同的价值追求和建立合理的评价导航保障"怡趣英语"课程优化实施，使我们的教研有品、课程有质、教学有趣，使绿怡学子在品质课程中体会到英语学习的乐趣。

　　4. "乐健体育"课程群。"乐健体育"把孩子的快乐和健康放在一起，让孩子在玩耍中体悟体育的快乐，扎实技能。"乐健体育"关注孩子身心健康，激发孩子学习兴趣，形成积极向上的观念，为孩子健康快乐的生长打下基础。除国家基础课程外，具体课程设置如下（见表5-7）：

表5-7　合肥市绿怡小学"乐健体育"课程设置表

课程 \ 年级		乐玩课堂		乐学课堂		乐竞课堂	
		足球激趣	足球增能	足球学技	足球育体	足球促学	足球促竞
一年级	上学期	带球接力游戏、双脚踩球	"夺宝"游戏、双脚拉球	"小射手"游戏、拨球	"火炬传递"游戏、跨球	足球小故事	"过独木桥"游戏、1V1比赛对抗
	下学期	踢球比准游戏、双脚踩球	两人胸部夹球接力游戏、双脚踩球	脚内侧夹球跳比快游戏、拨球	踢球比准游戏、跨球	足球小故事	脚内侧踢球、1V1比赛对抗

课程 / 年级		乐 玩 课 堂		乐 学 课 堂		乐 竞 课 堂	
		足球激趣	足球增能	足球学技	足球育体	足球促学	足球促竞
二年级	上学期	"背身传球接力"游戏、脚内侧踢球和接球练习	小足球搬家游戏、脚内侧带球练习	带球接力游戏、1V1比赛对抗	"足球好朋友"游戏、脚背外侧带球练习	足球小故事	"足球不倒翁"游戏、2V2比赛对抗
	下学期	脚内侧夹球跳比快游戏、脚内侧踢球和接球练习	"橄榄球"游戏、脚内侧带球练习	两人头顶夹球接力游戏、1V1比赛对抗	三人围圈拉手带球游戏、脚背外侧带球练习	足球小故事	脚背外侧带球练习、2V2比赛对抗
三年级	上学期	带球接力游戏，踩、拉、拨、跨球练习	"前后背身传球接力"游戏、带球练习	两人背夹球接力游戏、2V2比赛对抗	脚内侧踢球和接球练习	足球小故事	足球抢圈游戏、4V4比赛对抗
	下学期	带球接力游戏，踩、拉、拨、跨球练习	"背身传球接力"游戏、带球练习	两人背夹球接力游戏、2V2比赛对抗	脚背外侧踢球和接球练习	足球小故事	足球抢圈游戏、4V4比赛对抗
四年级	上学期	足球游戏、脚背正面踢球练习	足球游戏、脚背正面带球练习	足球游戏、2V2+1自由人比赛对抗	脚内侧踢球和接球练习	足球小故事	足球抢圈游戏、5V5比赛
	下学期	足球游戏、脚背正面踢球练习	足球游戏、脚背正面带球练习	足球游戏、2V2+1自由人比赛对抗	脚背外侧踢球和接球练习	足球小故事	足球抢圈游戏、5V5比赛
五年级	上学期	足球游戏、脚背内侧传接球练习	足球抢圈游戏、2V2+1自由人比赛对抗	胸部接球练习（挺胸式）	1V1+1自由人比赛对抗、5V5比赛	足球小故事	7V7+1自由人比赛
	下学期	足球游戏、脚背内侧传接球练习	足球抢圈游戏、2V2+1自由人比赛对抗	胸部接球练习（挺胸式）	1V+1自由人比赛对抗、5v5比赛	足球小故事	7V7+1自由人比赛
六年级	上学期	脚背外侧踢球和脚背外侧接球	脚内侧传球和接球、4V4+1自由人比赛对抗	前额正面头顶球	两脚运球练习、5V5比赛	足球小故事	8V8比赛
	下学期	脚背内侧踢球和脚背内侧接球	脚内侧传球和接球、4V4+1自由人比赛对抗	跳起头顶球	两脚运球练习、5V5比赛	足球小故事	8V8比赛

"乐健体育"课程坚持"让孩子快乐学习、健康成长"的课程理念，从"乐健课堂""乐健课间""乐健赛事""乐健运动家庭"四个方面实施推进，为实现孩子的成长打好基础。"乐健体育"课程致力于开发适合孩子学习的校本课程，建设多样体育活动社团，打造强大的运动训练队伍，为孩子提升身体素质和养成积极参与运动的习惯助力。

（二）"怡和学科"的评价要求

为了确保学校课程的有效开展与实施，学校主要从学科课程方案、学科教学、学科学习和学科团队等方面对"怡和学科"进行评价。具体评价要求如下：

1. 对学科课程方案的评价。评价标准如下：学科课程理念是否符合时代和社会发展的要求，课程目标设置是否合理，课程内容是否丰富，是否符合孩子认知发展，课程实施路径是否高效。

2. 对学科教学的评价。主要通过教学展示课、教学研讨课、教学跟踪课等方式，以是否形成具有自我风格的教学特色为标准，对教师在教学理念、教学方式、教学技巧、教学效果等方面进行评价。

3. 对学科学习的评价。学校采取"过程性评价"和"阶段性评价"等多种评价方式，不单单关注孩子学习过程和能力发展，也关注学业评价和心理健康发展。通过"学科主题月""学科能力测试"等方式进行评价。

4. 对学科团队进行评价。学校主要通过教学常规检查，课程实施情况汇报对学科团队进行综合评价。

三、丰富"怡乐社团"，全面优化兴趣特长课程

设置"怡乐社团"课程是我校孩子全面、健康发展的需要，是以"提升孩子的主体地位、注重丰富孩子的学习经验，促进孩子全面、多样、和谐发展"为理念，开展的丰富多彩的社团课程。

（一）"怡乐社团"的主要类型

"怡乐社团"专题活动主要有生活小主人、人文小专家、科技小达人、艺术小明星、体育小健将，分别落实在修身、语言、思维、艺术、健康五类课程中。

1. 以生活小主人为目标，落实修身类课程。生活小主人计划是发现、延

伸基础课程中与生活密切相关的活动，挖掘实际生活与学科学习之间的内在联络，完善教育的课程结构；掀起孩子学习方式的变革；拓展孩子学习的空间和视野，形成孩子良好的道德品质，培养孩子强烈的社会责任感和使命感，使其养成合作、互助、进取等良好个性品质。学校将与孩子生活密切相关的环节和"校园淘宝节""今天我当家""健康小卫士""棋乐无穷""快乐烘焙"相融合，进行学科的整合和运用，使学科知识真正为孩子的生活服务，形成良好的学习环境和氛围。

2. 以人文小专家为主题，落实语言类课程。立足学校的实际情况，结合基础类课程的课程纲要以及课程规划方案，我校设置了以人文小专家为主题的语言类课程。语言类课程以读、听、感受、表达为实施方式促进孩子人文素养的提升，通过设立特色社团，如"亲亲我的校园""姓名趣谈""阳光心桥""创意读写""写遍校园""英语小歌谣""英语电影世界"，以激发孩子的人文学习兴趣为抓手，结合举办绿怡小明星、创办绿小月报等活动，进而评选出人文小专家，最终实现提升孩子语言表达能力的目标。

3. 以科技小达人为契机，推进思维类课程。为了提升孩子的创新能力，我校实施科技小达人计划，形成思维探究类课程群。通过科技动手做、科学探索家等社团活动，形成孩子们崇尚科学的氛围，保持绿怡学子的好奇心、求知欲，激发开拓创新的勇气与毅力。利用选修的小木匠、T博士、小魔术、玩转悠悠球、无线电小制作、航模、电脑动漫等特色社团，培养孩子学科学、懂科学的兴趣及运用科学知识解决生活学习中各种问题的能力，不断提升孩子的科学素养。

4. 以艺术小明星为舞台，落实艺术类课程。以争当艺术小明星活动为基础，构建艺术审美类课程的社团群。以保证孩子的艺术活动时间、拓展孩子的艺术活动空间、丰富孩子的艺术活动内容为起点，我校开展了"艺术审美"类课程，形成特色社团群。"巧手剪纸社""立起来剧场""T台秀""墨韵飘香""金阳光合唱团""乐海飞扬管乐""灵韵舞蹈""七彩花苑""百变皱纹纸"等社团活动，既锻炼了孩子的动手和审美能力，也很好地继承了传统文化。

5. 以体育小健将为平台，推动健康类课程。学校因地制宜，通过各种深受孩子欢迎的途径让孩子多多参与活动，进行锻炼。同时，社团活动与各级各类体育竞赛有机结合，激发了孩子参与活动的兴趣。为形成运动健康的特色，我们紧紧围绕培养健康孩子的目标，开设了田精灵、快乐小青蛙、跃来跃高、乒乒乓乓、棋乐无穷、篮精灵、排排队、我是解放军等课程，不断丰富完善运动健康课程。

（二）"怡乐社团"的评价要求

为促使每一位孩子健康成长，全面发展，依据国家课程和学校校本课程，通过课堂教学、活动展现等形式，对"怡乐社团"进行评价，并制定了以下评价细则（见表5-8）。

表5-8　合肥市绿怡小学"怡乐社团"评价细目表

项目	"怡乐社团"指标	得分	评价方式
社团机构与管理	1. 社团体制管理完善，设置合理机构，制定符合孩子实际的社团建设实施方案。		1. 实地查看 2. 材料核实 3. 师生座谈 4. 活动展示
	2. 建立、健全社团各项规章制度，做到按要求严格执行。		
	3. 社团会员人数适合，规模适度，健全成员资料档案。		
	4. 指导教师在活动中尽职尽责。		
	5. 突出孩子的主体地位和创造精神，使孩子在社团活动中自主自理、健康发展。		
	6. 社团活动空间固定，环境良好，有相应的文化建设。		
活动组织和开展	7. 经常和定期开展社团活动，组织有序、记录完善。		
	8. 社团活动内容丰富多彩、形式不拘一格。体现独特实践性和多样综合性，有利于培养和锻炼孩子各方面素养，充分展现校园文化精神。		
	9. 社团成员或集体活动成果显著。		
	10. 活动取得良好的教育效果，在孩子中有一定影响。		

四、设计"怡悦节日"，落实兴趣爱好课程

为了丰富孩子们的生活，激发其学习兴趣和探索精神，我们在"怡悦节日"课程中融入多彩的节庆文化，创设适合孩子个性发展的节日主题活动，使孩子乐学善思，在实践和体验中丰富经历和情感。

（一）"怡悦节日"的创设与实施

传统节日课程、现代节日课程两大体系交织互补，努力打造校园节庆课程。

1. 传统节日课程。我国历史悠久、文化璀璨，中华传统节日具有丰富的文化内涵。通过开设传统节日课程，让孩子感受民俗，开展精神寻根，使优秀民族文化变得可感可触、生动形象（见表5-9）。

表5-9　合肥市绿怡小学传统节日课程实施方案

月　份	节　日	主　题	活　　动
一月	春节	亲情无限	写福字、送祝福
二月	元宵节	乐趣无边	做元宵、猜灯谜、做花灯
四月	清明节	缅怀激励	讲先烈故事、扫墓
六月	端午节	爱国爱家	说端午、话屈原、制手抄报
九月	中秋节	团圆相聚	中秋诗词会、制手抄报
十月	重阳节	敬老尊亲	我为长辈做件事

2. 现代节日课程。我们所处的新时代，东西方文明交融频繁。个性化的现代节日饱含人们对美好生活的寄托和希望。我们从优秀现代节日中汲取精华，开设现代节日课程，引导孩子关注现实、关注当下，增强生活仪式感（见表5-10）。

表5-10　合肥市绿怡小学现代节日课程实施方案

时　间	节　日	主　题	活　　动
一月	元旦	新年你好	制作新年心愿单
三月	妇女节	感谢有你	为妈妈做一件力所能及的事
五月	劳动节	我有一双小巧手	评选"劳动小标兵"
六月	儿童节	童趣童乐	校园文化艺术节
九月	教师节	辛勤的园丁	一封给老师的信
十月	国庆节	我爱你，祖国	我和国旗合影

（二）"怡悦节日"的评价

我们根据"怡悦节日"的内涵，以评选"最受欢迎的'怡悦节日'"为契机，设计了以下评价表（见表5-11）。

表5-11 合肥市绿怡小学"怡悦节日"评价表

评价指标	评 价 内 容	评价分值
主题	1. 主题明、立意新、寓意深。 2. 主题具有时代与教育意义,注重科学性、针对性、实效性。 3. 根据孩子身心发展的特点以及成长中遇到的共性问题确定主题。	
目标	1. 目标明确,导向性和时代性强。 2. 绿怡学子情感态度价值观的转变明显。 3. 孩子有认识、有感悟,自我教育能力得到增强,身心健康得到发展。	
内容	1. 符合孩子身心发展轨迹、贴近孩子社会现实和实际生活。 2. 紧扣主题,准确定位"怡教育"。 3. 层次分明,重点凸显。	
实施	1. 情景设计符合常理,具有可操作性,能体现综合运用知识的能力。 2. 要依据所确定、分解、细化的具体内容选择活动。 3. 按照"近、亲、实"的原则选择活动。 4. 采取多种形式呈现。 5. 设置拓展性、开放性的问题,能给予孩子充分的思考空间,引导孩子体验和感悟。 6. 面向每一个孩子,关注不同孩子之间的差异,在实践中教育孩子,培养孩子的能力。 7. 师生互动,孩子参与面广阔,能充分体现孩子主体、教师主导的课程理念。 8. 活动设计有特色、有创意,体现课程的实践性、自主性、综合性、独创性和趣味性。	
方式	1. 崭新、独特、多样,让孩子充分展示自己。 2. 注重孩子的感悟和体验。 3. 重视活动的群体性,引导孩子合作、互助学习。 4. 能创设灵动、活泼、高效的课堂氛围。	

五、建设"怡美校园",落实校园文化课程

校园文化是一个学校的灵魂,是师生共同成长的沃土,是学校魅力与办学特色的体现,彰显了学校的价值取向与综合实力。绿怡小学以"绿意盎然,怡悦生长"为办学理念,秉持"志存高远,自强不息"的校训,坚持以孩子发展为本,为孩子终身发展夯实基础。建设"怡美校园",落实校园文化课程,从而让每一个孩子在绿小这片土地上"书写怡悦的人生画卷"。

1. 营造良好环境,创建怡美班级。优雅清新的校园环境是校园文化成果的集中展现,是校园文化建设的重要组成部分,是陶冶师生情

操、激励师生积极向上的主要阵地。学校精心设计并布置校门、长廊、楼道、教学楼、花坛、宣传栏等文化角落，充分利用社区、家长及周边资源，多方联动，共同创造和谐的校园文化氛围，让每一个角落都成为一幅画卷。同时，学校还积极开展文明路队、美丽班级等评比活动，大力鼓励各班级创设干净整洁、注重文明礼仪、富有自己特色的班级文化。为了激发孩子爱班爱校的热情，我校制定了"美丽班级"的评选方案（见表5-12）。为了让工作落到实处，做到"班级荣誉，人人有责"，我校还制定了一日一查评选方案（见表5-13），每周评选出一批"文明班级"。

表5-12　合肥市绿怡小学"美丽班级"评比表

内容\班级	班　级　文　化							班级活动		评比结果
	黑板报	卫生角	图书角	中队角	文化墙	班级绿化	班级特色	家教沙龙	雏鹰小队	

表5-13　合肥市绿怡小学一日一查成绩表

序号	班级	项　　　目							备注
		大课间5分	眼保操5分	文明礼仪5分	红领巾佩戴5分	路队5分	卫生5分	小计30分	

2. 开展多彩活动，培育怡美少年。孩子是校园文化永恒不变的创造主体，将孩子的主体性活动作为校园文化建设的核心，开展多种多样的活动，有助于孩子形成优良品德，展现高尚情操，塑造良好个性，进而各方面都得到发展。因此，学校通过开展活动与学科教学有机渗透，进行特色创新，让孩子在活动中感到快乐，在快乐中成长。据此，我校制定了"七彩之星"评价表（见表5-14）。

表5-14 合肥市绿怡小学"七彩之星"评价表

考核内容	考核标准	等级评定★				
		自我评价	同学评价	教师评价	家长评价	总评（个数）
德正之星	尊敬师长，团结同学，关心集体，爱护环境。					
	注重养成良好的文明习惯，在公共场所不插队、不大声喧哗。					
	注意文明用语、不乱丢垃圾、不乱涂乱画、遵守交通规则、文明出行。					
	带动家庭成员及周围人共同遵守社会公德。					
智学之星	勤学、善学、乐学，有独立思考的习惯。					
	能帮助其他同学共同学习进步。					
	刻苦钻研，爱好广泛。					
	全面发展，学习优秀。					
体健之星	有健康的体魄，热爱并积极参加体育运动。					
	有健康的学习和生活习惯，能较好地掌握1—2项运动技能。					
	阳光，心理健康，言谈举止得体。					
	有协作精神及向阳精神。					
美艺之星	认真上好音体美等课程，掌握相关技能。					
	积极参加课外活动和各种艺术活动，大胆展现自己的特长。					
	创作过艺术作品，具备其他特长。					
劳动之星	树立劳动光荣的观念，有热爱劳动、崇尚劳动的好品质。					
	拥有简单的劳动技能；积极参与家务劳动、学校活动、社会公益活动。					
	养成珍惜他人劳动成果的好习惯。					
足球之星	热爱足球运动。					
	带头参加足球课程学习及训练，有效掌握基本的足球运动技能。					
	积极参加班级和学校组织的足球系列主题活动并在赛事中表现优异。					
科技之星	尊重科学，有较强的求知欲和钻研精神，愿意主动学习科学知识，具有较强的动手能力。					
	不怕困难，奋发向上，积极进取，勇于创新。					
	喜爱小发明、小创造，积极参加科技活动。					
总体评价						

注：考核内容达到所有要求画两颗★，达到部分要求画一颗★，没达到要求不画★。

3. 倡导以人为本，塑造怡美教师。学校里的活动主要是人与人之间的合作、交流、探索、学习和发展，因此需凸显人文关怀，积极营造互相尊重的良好氛围。学校组织开展"怡智课堂"教学活动，努力让每位老师关注课程、关注孩子，锤炼能力，通过自身价值的实现而获得精神上的满足与快乐。同时，学校着力推行"师德师风"建设，开展"怡美教师"评选活动，要求教师时刻牢记社会主义核心价值观。通过师德师风的学习，规范教师的教育教学行为，塑造积极向上、身心健康的怡美教师。据此，我校制定了"怡美教师"评价表（见表5-15）。

表5-15　合肥市绿怡小学"怡美教师"评价表

评选条件 姓名	爱心 之美	管理 之美	学习 之美	教学 之美	勤劳 之美	阳光 之美	风采 之美

润物细无声，学校只有用深邃丰富的人文景观感染人，用雅致清新的环境熏陶人，生生和谐，师生和谐，才能打造富有浓郁文化气息的教育殿堂，展现校园文化的魅力。

六、做活"怡真德育"，落实专题教育课程

丰富多彩的德育活动是德育课程的有效载体。开展适宜孩子独特个性的主题活动课，能够激发孩子的参与性与积极性，丰富孩子的经历和情感体验，塑造孩子的优良个性。

（一）"怡真德育"的创设方法

根据孩子的年龄、身心发展的特点，结合学校德育目标，从学校、家庭、社会生活实际出发，总结精炼出12个德育教育主题，展开专项德育教育活动。每月选出重点，整体构建，分步实施。

学校开展"一月一主题"的主题教育活动，依托各种主题活动加强对孩子的思想道德教育，促使孩子形成良好的品德。专题教育课程分基本活动和拓展活动，其中，基本活动以主题班会、道德讲堂、国旗下讲话等形式开展，拓展活动以雏鹰小队、手抄报、德育剧、红歌会等形式开展（见表5-16）。

表5-16 合肥市绿怡小学"一月一主题"主题教育安排表

月 份	主 题	活 动 形 式
一月	民族传统感恩月	"写春联送祝福"活动、"心怀感恩"演讲比赛
二月	心理健康活动月	心理健康教育征文、心理健康知识手抄报评比
三月	志愿服务行动月	植树活动、学雷锋树新风系列活动
四月	革命传统弘扬月	网上祭英烈、观看爱国主义电影、清明祭文评比
五月	公民道德传承月	自理能力大赛、德育剧、"道德讲堂"系列活动
六月	环境教育宣传月	环保手抄报、环境教育专题讲座、环保知识竞赛、环境小调查
七月	诚实守信践行月	雏鹰小队活动
八月	社会实践拓展月	雏鹰小队活动
九月	文明礼仪规范月	少先队礼仪风采大赛、文明路队评比、文明童谣比赛
十月	爱党爱国担当月	建队日活动、红歌演唱会、"向国旗敬礼"活动
十一月	生命安全科普月	急救知识讲座、防震演习、"用知识守护生命"主题班会
十二月	遵纪守法教育月	交通法制课、未成年人保护法专题讲座

（二）"怡真德育"的评价

我们根据"怡真德育"的内涵，以评选"绿小之星"为契机设计了以下评价细目量表（见表5-17）。

表5-17 合肥市绿怡小学"绿小之星"评价细目量表

序号	星级名称	星 级 指 标	班级明星	备注
1	孝老爱亲星	主动承担家务，做力所能及的家务活。关心照顾生病时的父母。利用闲暇时间探亲访友，给长辈送去问候。谦让、宽容对待兄弟姐妹。和家人及长辈进行良性沟通，问候时能使用礼貌用语。		
2	健康少年星	具有较强的适应力，能充分适应环境，能对自己做出正确的评价。能维持良好的人际关系。		
3	志愿服务星	为人热情，待人礼貌，语言文明，善于沟通。有合作精神，乐于助人，积极参加各项公益活动。		
4	勤俭节约星	节约水电，随手关灯，低碳生活，不和他人攀比。		

序号	星级名称	星 级 指 标	班级明星	备注
5	热爱劳动星	积极主动完成劳动任务，生活中能自理，主动承担家务。尊重劳动果实，讲究卫生，做好清洁值日工作，做班级、校园劳动小达人。		
6	环保卫士星	爱护环境，珍惜资源，有保护环境的主人翁意识，能自觉维护并保持校园的清洁卫生。		
7	诚实守信星	以诚待人，平等交往，严于律己，勇担责任，知错就改。不在背后非议他人，不造谣、不隐瞒事实，积极主动维护自己、同学、集体的利益。		
8	社会实践星	积极参与社会实践活动，具有实践开拓和团队精神。有较强的动手能力和良好的协调沟通能力，适应力强，责任心强，有较强的集体观念和创新能力。		
9	文明礼仪星	说话文明，衣着得体，礼貌待人，尊师敬长，团结同学，乐于助人，拾金不昧。		
10	热爱祖国星	理想远大，勤奋学习，追求上进，和一切有损于国家和人民的人和事做斗争，维护国家的尊严和荣誉。		
11	安全自护星	按时上下学，严格遵守交规。安全意识较强，有防火、防盗、防溺水、防踩踏、防摔倒、防触电等自我保护能力。		
12	遵规守纪星	遵守学校各项纪律，没有迟到、早退、旷课、打架骂人、破坏公物、以大欺小等行为。		

七、推行"怡趣之旅"，落实研学旅行课程

"怡趣之旅"继承和延伸了我国"读万卷书，行万里路"的传统研学教育理念和人文精神，让孩子在玩中做、做中学，成为了全面提升孩子综合素养的实践体验类课程。

（一）"怡趣之旅"课程设置

"怡趣之旅"课程结合学校实际，强调以孩子怡悦生长为本，根据孩子的发展需求、心理特点、知识层次，在保证安全的前提下，为孩子量身打造了多样化的课程套餐（见表5-18）。

表5-18　合肥市绿怡小学"怡趣之旅"课程设置表

年级	学期	主题	地　　点	目　　　　的
一年级	上学期	探访自然	官亭林海	发现大自然，热爱大自然。
	下学期	走进历史	铭传故里	认识家乡名人，培养爱国精神。
二年级	上学期	家乡美景	海棠花海	了解大自然，亲近大自然。
	下学期	科技创新	启迪科技城	感知科学魅力，激发对科学的热爱。
三年级	上学期	走进新农村	三瓜公社	了解新时代农村建设。
	下学期	家乡历史	安徽博物馆	了解家乡历史，感受科学。
四年级	上学期	生态农业	月亮湾生态农庄	热爱大自然，了解生态农业。
	下学期	科技创新	哈工大机器人基地	感知科学魅力，激发对科学的热爱。
五年级	上学期	家乡美景	三河古镇景	激发对家乡的热爱。
	下学期	科技创新	荣事达"双创"基地	感知科学魅力，激发对科学的热爱。
六年级	上学期	探访自然	博晟生态园	了解大自然，亲近大自然。
	下学期	科技创新	清大中创科技创新基地	感知科学魅力，激发对科学的热爱。

（二）"怡趣之旅"的课程评价

为了能有效地评价孩子在"怡趣之旅"中的表现，以便孩子更好地提升自己的综合素养，我们根据"怡趣之旅"的教学意义，设计了以下评价细目量表来对孩子进行综合评价（见表5-19）。

表5-19　合肥市绿怡小学"怡趣之旅"课程评价表

评　价　项　目		评　价　指　标	评价分值		
			自评	互评	师评
情感态度	团结合作	与同学团结合作，共同学习。			
	积极准备	研学前做好学习准备。			
	认真记录	及时记录相关知识。			
实施过程	听从指挥	听从老师指挥，服从安排。			
	有序参观	按照安排有序参观。			
	文明乘车	按照要求文明乘车。			
	爱护环境	垃圾按要求投放到指定位置。			
	主动交流	和他人积极交流，文明交往。			

评 价 项 目		评 价 指 标	评 价 分 值		
			自评	互评	师评
收获反思	整理信息	研学结束后及时整理信息。			
	书写感受	认真书写研学感受。			
	主动分享	向同学展示研学收获。			
备注：每项5分。优：4分以上　良：3—4分　待提高：3分以下					

　　总之，"画卷式课程"从孩子年龄和心理特征出发，努力把培养孩子的综合素质有机融入到学校的课程改革中去，经过实践将我们的认识和理论转化为可推行的课程，力争让孩子知行统一，塑造良好的人格，书写怡悦的人生画卷。

（撰稿者：杜家祥　张晓燕　曹　侠　季　鸿　王崇文）

第六章

以名牌校为领衔的集团校的创建可以发挥集团的整体优势，是新时代教育需求下的产物。以名校带动普通校，实现优质教育资源的平民化；以名校带动名校，实现优质教育资源最大化。名校业已成熟的办学理念与课程哲学的共享实现了"手拉手做智慧的事业"的共同愿景。

在集团校内共享理念

集团化办学是以行政指令为主，兼顾学校共同意愿，将一所名校和若干所学校组成学校共同体（名校集团）的办学体制。以名校为龙头，在教育理念、学校管理、教育科研、信息技术、教育评价、校产管理等方面统一管理，实现管理、师资、设备等优质教育资源的共享，实现教育公平。为共享优质教育资源，深化办学体制改革，很多地区采用集团化办学的方式用区域名校带动一般校教学水平的提升。

课程哲学是长期积淀后提炼而成的，体现着学校的办学水平和综合能力，代表着影响力。继承老校区的课程哲学，有了它们智慧的"加持"，就如同站在巨人的肩膀上，走得更快，变得更强。集团化的影响不仅是师资水平和管理方式的共享，更是课程哲学的传承。通过集团化办学进行校际间的整合，使集团内部形成一个新治理结构，辐射引领更多的学校提升课程教学质量。课程哲学作为一所学校办学精神的浓缩，其本身不仅包含了教书育人的功能，而且还包含了学校对自身办学理念的一种定位，同时也是对社会做出的一种承诺。通过教育哲学的继承和延伸，整合优质教育资源，扩大优质教育资源的覆盖面，加快推进义务教育优质均衡发展。

合肥市五十中学东校教育集团成立于2016年，发源于具有六十多年办学历史的原合肥市第五十中学，现下辖西园校区和望江路校区。两校共享教育哲学和课程理念，采取"名校+新校"方式促进优质教育资源的共享与辐射。自1957年建校以来，该校始终坚持"大爱于心，致真于行"的办学理念。两校的教育哲学"大爱教育"基于学校"大爱于心，致真于行"的办学理念，继承了老校的优良传统，形成了符合自身实际的"L-O-V-E课程"，即L模块——生命·健康类（Life）、O模块——人文·艺术类（Obligation）、V模块——科学·创新类（Varieties）、E模块——生涯·拓展类课程（Expansion）。

四类课程模块真正体现了"爱育真人"的课程理念，而且四类课程模块之间也呈逐级递进关系，真正地以学生的生命成长教育为核心，适应了学生成长的需求。学生从这一课程体系中能够不断地汲取营养，获得成长，从而满足了学生、家长和社会的一定需求，使我们所研发的课程自身更有质量、生命力和可持续性。

（撰稿者：王　莹）

文化坐标　合肥市五十中学东校教育集团

课程哲学　大爱教育，爱育真人

　　合肥市五十中学东校教育集团是合肥教育界一颗璀璨的明珠，它由西园和望江路两大校区组成。西园校区历史悠久，是合肥市第五十中学的发源地。为了促进优质教育资源的共享与辐射，西园校区陆续向东、西、南、新四大校区输送管理团队和骨干教师。目前，西园校区有41个教学班，学生2 000多人，在岗教师146人；2016年新建的望江路校区目前有31个教学班，学生约1 500人，在岗教师117人，正在阔步向前走。

　　多年来，五十中学东校一直倡导"减负提质，轻负高效"的教育理念，学校旨在以培养素质全面、敢于创新、勇于实践、具有家国情怀和强烈责任感的社会公民为己任。学校通过丰富而适性的教育课程注重每一个孩子未来的发展，着力培养和发展每一个孩子的体魄、知识、情感和社会适应性等方面，为在当下和未来多元化社会中做一个终身学习者和有责任担当的优秀公民奠定基础。经过多年努力，学校在教育教学、文明校园、少年军校、学生社团、科技创新、素质教育、五育教育等方面取得了骄人的成绩。

第一节

爱是教育的灵魂

　　五十中学东校的教育哲学是基于学校的校训提出的，也是现在五十中学东校的教育追求，即"大爱于心，致真于行"。她来源于教育的本质，因为"爱"是教育活动中最重要的元素，爱是学校教育的灵魂，没有爱，教育就无从谈起。

一、学校教育哲学

　　学校教育哲学是"大爱教育"。五十中学东校的"大爱教育"既是学校教育开展的动力之源，也是教育活动的培养目标。著名教育家夏丏尊先生曾经说过，教育如果没有情感，没有了爱，就像池塘没有水一样。没有水就不能称它为池塘，没有爱就没有教育。在合肥市五十中学东校的办学历史上，学校一直弘扬爱的教育理念，教师深爱每一个孩子，为每一个孩子的发展无私奉献；教师也深爱着教育事业，为教育的发展贡献心血和智慧。以"大爱于心"为学校文化建设的核心理念，一方面要继承优良的传统，另一方面要把"爱的教育"发扬光大。教师对每一个孩子的爱应像阳光一样博大，像阳光一样公平、公正，普照每一个孩子。

　　我们的"大爱教育"是"关爱"，是对包括自我身体和精神的关爱，努力为每位师生的身心健康成长创造良好的条件；我们的"大爱教育"是"真爱"，是存在于师生之间、教师之间、同学之间的爱，是发自内心世界自然流露出来的爱；我们的"大爱教育"更是"博爱"，是对自然、社会和生命之爱，它体现在热爱自然、关心社会、勇于承担社会责任、珍爱每一个生命上。

基于上述理解，我们秉持如下教育信条：

> 我们坚信，大爱教育是立足杏坛，提升教学品质的教育；
>
> 我们坚信，大爱教育是充满童心，温暖学生心灵的教育；
>
> 我们坚信，大爱教育是尊重他人，培育生命自觉的教育；
>
> 我们坚信，大爱教育是和谐共生，注重以人为本的教育；
>
> 我们坚信，大爱教育是面向未来，点亮人生梦想的教育。

二、学校课程理念

在五十中学东校"大爱教育"这一教育哲学引领下，学校构建了"爱育真人"这一课程理念，它既体现了学校"大爱"教育的特色，又回归到我们对教育本源的认知，即我们的课程建设最终要回归到关注每一个孩子的终身可持续发展方向上来，要努力研发出具有生命教育价值的课程，最后达到学校所提出的"爱真理、求真知、做真人"的育人目标。学校课程理念"爱育真人"在学校、教师和每一个孩子之间架起了桥梁，形成了纽带；同时，也使得学校的课程建设与学校的办学思想、文化建设、核心价值等有机融为一体，因为我们认识到：

1. 课程即情感需求。情感教育是现代教学尤为关注的一个方面，苏霍姆林斯基认为"情感是获取知识的土壤和动力"，布鲁姆也认为情感是影响教育过程的三大动力之一。孩子们在各种人际交往中，既需要情感获得快乐，同时也需要借助向人倾诉等方式，远离孤独、消除紧张、寻求理解、获得尊重。一个孩子如果长期处于紧张、焦虑、担忧和其他心理压力下，那么常常会强烈希望自己可以得到理解、渴望向他人进行心理倾诉，但又不愿接受周围成年人对其施加的影响。在这种情况下，孩子们往往容易将这种内心需求转移到周围同龄人身上。寻找快乐、渴望自己能够尽快得到他人的理解、远离心理紧张和渴望脱离孤独就逐渐成为当下孩子们的一种社会心理情感和心理需求。

2. 课程即生命成长。生活就是发展，而不断发展，不断生长，就是生活。教育是有生命的，教育的生命就在于传承、延续、创新，在于合作、分享和交流。课程的价值追求即是人类生命的健康成长，或者说它是对于新时期人类生命价值的一种提升。课程不仅仅能够满足每一个生命体潜在能力的开发和生长需要，而且还能够努力地达成各种生命体之间的彼此理解和共识。理解自己的生活，是为了求真；敬畏自然，是为了求善；珍爱自己的生活，就是为了求美。课程的展开过程就是要求学校师生以其最为本真的状态，全身心地投入到生活之中，不矫饰、不造作，顺其自然，自由、愉快地向大家呈现生活存在的状态及其指向未来的可能。

3. 课程即文化分享。课堂教学就是指教与学之间的交流、互助，师生双方进行沟通、彼此交流、相互促进。在此过程中，老师与每一个孩子之间可以分享彼此的思想、经历、知识，交流彼此的感受，借此丰富自己的教学内容，求得新的认识和发现。师生之间必须形成一个互动和学习的共同体。在这个共同体中，教师不再仅仅单纯地去指导和教授，而是通过课堂上的对话来教，每一个孩子在被指导的同时，也可以教老师，引发老师的思考。

对于课堂教学而言，分享的含义可以理解为人人都可以参与，意味着平等的对话与合作性意义的构建，它不仅仅是一个认知和实践活动的过程，更是一种实现人与人之间平等的一种精神文化沟通。对于每一个孩子而言，分享的根本含义就是人的主体性彰显、个性展示与创造性的释放；对于教师而言，分享的根本含义就是，上课不仅仅只是为了传授知识，而是相互了解，促进自主学习。所以在教学中，分享是师生之间的一种互助、共促、发展的合作关系。

4. 课程即学习旅程。人的生命就是一个不断学习的成长旅程。教以育德，学以养身。有人说，知识可能改变不了你的命运，但读书确实能够改变你的思想。从教学角度来讲，教学的结论即教学所要达到的目的和结果，教学的过程即达到教学目的和结果而必须经历的活动过程。我们教学的重要目的之一，就是使每一个孩子理解和掌握正确的结论，所以必须重结论。但是如果孩子们没有经过质疑、批判、分析、归纳和思考等认知活动，即如果没有这些复杂的思维过程和各种思想观点的碰撞，就难以获得结论，对结论的理解和巩固就更难。学会学习方法，能够自主探究，善于发现新问题和提出解决方案，是一种富有创造性的学习过程。因此，在五十中学东校的课程理念中，课程就是让每一个孩子愉快学习的旅程。

5. 课程即教育智慧。教育是有智慧的，教育的智慧就在于用智慧启迪智慧，用生命呵护生命，用创造去支撑创造。教师的课程智慧是教师在课程实践中所达到的一种境界和品质，是教师在复杂的课程实践情境中，根据洞悉的问题与矛盾，创造性地解决问题的能力。如果想提升学校的课程品质，提升孩子的学习品质和促进课程改革的可持续发展，那么学校建设有课程智慧的教师团队就显得尤为重要。对于孩子们来说，在学习和生活中，不可避免地会经常出现错误。在课堂上，教师更需要用自己的智慧，理解每一个孩子跳跃的思维，理解每一个孩子思想的荒诞不羁。这样，我们才会对其进行点拨、引导、排忧、释疑，才具备教育的灵巧、敏捷和机智，才谈得上真正的关心和爱护。这样的教学课堂才能是最鲜活、有生命力和有价值的。教学的过程本身既充分暴露了每一个孩子的差异、疑虑、错误和矛盾，又充分展现出了每一个孩子的聪明才智、独特个性。

课程本身就是师生、生生之间的互动课堂。它既是知识生成的过程，又是每一个孩子情感态度与能力培养的过程。所以，我们在课堂教学中对于教材内容的处理、教学流程的设计以及其评价方式都必须要以促进每一个孩子的身心健康发展作为中心，以培养每一个孩子的全面健康、综合发展作为目标，这样研发出的课程才真正是一个好的课程。

培养"真"的人

　　课程是学校育人的核心载体，为了落实"爱真理、求真知、做真人"的育人目标，学校在引导每一个孩子学习各学科知识的基础上，着眼于时代的要求，努力使每一个孩子具有家国情怀和责任担当，具有基本的人文与科学素养，具有实践探究、合作交流能力以及健康的体魄与心理，形成愿学、乐学、善学和终身学习的意识与能力；紧紧围绕人的发展，以生命的视角，逐步建成具有学校特色的大爱课程体系，通过大爱课程的设置，最终实现学校的"三真"育人目标，培养"真"的人。

一、学校育人目标

　　古人曾提出"学—习—思"这一知行统一的教育思想。"学"即博学、审问，"习"即时习，"思"即慎思、明辨之意。五十中学东校以这种知行观教育思想为基础，提出了"爱真理、求真知、做真人"的学校育人目标。

　　——爱真理：爱，即热爱。真理是人们对于客观事物及其规律的正确反映。合肥市五十中学东校的每一个孩子应具有爱真理的品质。通过学校课程实施，希望每一个孩子养成待人从真的品质，感受真理面前人人平等等观点。

　　——求真知：求，即探索。真知包含三个方面的内容：知识和道理、技能和方法、客观事物的规律。在日常的教育教学活动中，养成务实的精神，以实事求是的态度学习、调查和研究。在实践中形成真知，明辨是非，以真知贡献社会。

　　——做真人：做富有爱心，崇德尚礼的人；做追求真理，真诚勇敢的人；做人格健全，身心健康的人；做勇于探索，勤学善思的人；做热爱生活，自立自强的人。在日常的学习和生活中，注重对每一个孩子科学精神和人文素养的融合，追求自由的思想和独立人格的培养。

二、学校课程目标

东校结合安徽省合肥市地方特色、校情和学情，根据学校的育人目标及课程理念，提出了学校的课程总目标：培养爱自己、爱他人、爱自然、爱社会的现代公民，并按照孩子们认识事物的规律和知识水平的不同，根据学校育人目标，从爱真理、求真知、做真人三个维度将课程总目标融入到不同的年段进行课程建设（见表6-1）。

表6-1　合肥市五十中学东校年段课程目标设置表

课程目标＼年级＼育人目标	七　年　级	八　年　级	九　年　级
爱真理	通过课程学习，激发每一个孩子的学习兴趣，引导每一个孩子自主学习，养成待人从真的品质。	通过课程的开设丰富每一个孩子的活动，陶冶情操，让每一个孩子发现和感受来自自身、他人和自然的美，发展每一个孩子的个性特长。	发挥每一个孩子的主导地位，培养每一个孩子掌握正确的学习方法，勤于思考，热爱和探求真理的精神，逐步形成真理面前人人平等等观点。
求真知	让每一个孩子全身心地投入到课程学习中，通过多种感官的刺激，加深每一个孩子对学习的理解、知识的渴望，正确认识自己和他人。	重视每一个孩子的课程体验，在参与活动中，激发每一个孩子对自然和社会的探究意识，不断开拓思维，提升创新能力，获得真知。	提升每一个孩子的想象和发散思维能力，对自然科学和社会现象有独立思想和一定的思辨能力，以真知贡献社会、热爱社会。
做真人	在课程中观察探究周围的世界，培养良好的生活习惯和学习习惯；感受自然，享受生活，培养热爱自然、热爱社会的情感；善于倾听，为自己确立真实而适当的学习目标。	教育和引导孩子与他人和谐相处，合作学习；培养孩子善于协作、乐于分享的品质；感受中华文化的博大精深，增强每一个孩子的民族自豪感，培养每一个孩子的家国情怀。	重视和激励每一个孩子积极参与课程的开发，发挥每一个孩子的热情与能力，不断丰富课程内容，完善课程体系，努力培养拥有严谨科学精神、良好人文和艺术素养的现代小公民。

第三节

响应每一个孩子的成长需求

在学校"大爱于心，致真于行"的办学理念下，根据学校"大爱教育"课程哲学，学校提出了"爱育真人"课程理念。围绕这一课程理念，学校逐渐构建了富有特色的课程体系，建立了L-O-V-E系列课程。而学校L-O-V-E课程要付诸实施，就要统整好各课程模块，以此来响应每一个孩子成长的需求、学科素养培育的需求、个性化需求和社会发展的需求。

一、学校课程逻辑

基于"大爱教育"课程哲学以及学校课程目标，五十中学东校构建了L-O-V-E课程模式。"L-O-V-E"可释义为：L-Life"生命"；O-Obligation"感恩、感激、义务与责任"；V-Varieties"变化、多样性"；E-Expansion"扩大、拓展、伸展"。由此，我们将L-O-V-E课程的目标定义为：通过有效和富有生命力特色课程的建立与实施，培养爱自己、爱他人、爱自然、爱社会的现代公民。L-O-V-E课程丰富了每一个孩子的学习经历，悦纳并欣赏每一个孩子，赋予其真挚纯真的爱，让每一个孩子在爱的滋养下健康快乐成长。为此，我们建立了L-O-V-E课程逻辑体系（见图6-1）。

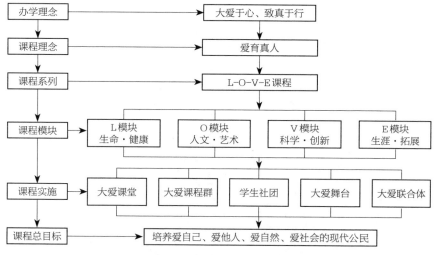

图6-1 合肥市五十中学东校L-O-V-E课程逻辑图

这样的课程逻辑架构,是根据五十中学东校愿景和办学理念确定的,通过学校的课程研发,尽量满足孩子们多元发展需求。

二、学校课程结构

依据学校育人目标和课程理念,结合初中孩子们的认知特点,学校构建了符合孩子们身心发展且具有生命活力的课程模块,即:L模块——生命·健康类、O模块——人文·艺术类、V模块——科学·创新类和E模块——生涯·拓展类课程。

L模块源自于Life"生命",是发展基于生命和健康需要的课程;O模块源自于Obligation"感激、感恩、义务、责任",是重点培养孩子们人文与艺术情怀的课程;V模块源自于Varieties"变化、多样性",是着重构建孩子们科学与创新等多元思维的课程;E模块源自于Expansion"扩大、拓展、伸展",是指导孩子们面向广阔空间的生涯与拓展课程(见图6-2)。四类课程模块的设置真正体现了"爱育真人"的课程内涵,而且四类课程模块之间也呈逐级递进关系(见图6-3)。

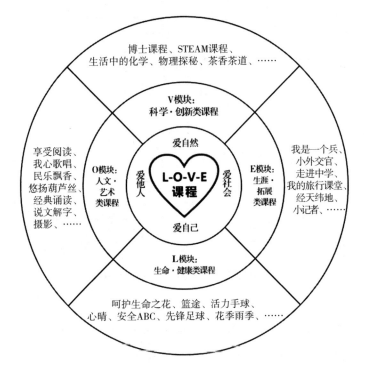

图6-2   合肥市五十中学东校L-O-V-E课程图谱

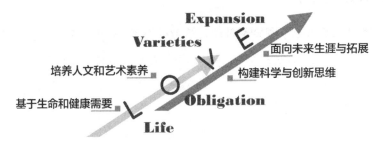

图6-3   合肥市五十中学东校L-O-V-E课程结构图

三、学校课程设置

在学校"爱育真人"课程理念的指导下，我们依据分年段设立的"爱真理、求真知、做真人"三个维度的课程目标，努力使我们所开发的课程更加关注生命教育，着力培养孩子们的核心素养，让学校的课程开发和设置更加贴近教育的本源。据此，我们分年级进行了以下课程设置（见表6-2、表6-3和表6-4）：

表6-2　合肥市五十中学东校七年级L-O-V-E课程设置表

课程模块	课程名称	课程内容	课时安排
L模块：生命·健康类	呵护生命之花	了解和珍惜生命，掌握生命急救方法与措施	6课时
	安全ABC	交通法制教育	4课时
	花季雨季	关心女童	2课时
	先锋足球	了解足球运动的起源、发展，掌握足球运动的一定技能	30课时
O模块：人文·艺术类	书法	学习硬笔书法的技能和毛笔书法的技能	10课时
	经典诵读	内容包括《弟子规》《论语》和《唐诗三百首》等作品	8课时
	英语书法课程	开展书法指导，组织评比活动，促进每一个孩子英语书写水平的提升	30课时
	说文解字	了解文字的内涵与特点	20课时
	我心歌唱	练习合唱的技能	20课时
	民乐飘香	了解竖笛、古筝、二胡等民族乐器，提升演奏水平和技巧，弘扬中华传统文化	20课时
	摄影	教授数码、单反相机的摄影技巧	10课时
	绘画	素描、国画等	10课时
	舞蹈	民族舞蹈、劲舞、街舞	10课时
	中华传统节日	利用中华传统节日开展爱国主义、民族精神、中华文化等方面教育	4课时
	向国旗敬礼	开展向国旗敬礼、爱护国旗、唱国歌等爱国教育	2课时
V模块：科学·创新类	小达尔文	通过生物实验了解生命体的构成和运行情况	10课时
	科幻世界	发挥想象力，进行科学幻想并将未来景象描绘出来	10课时
	物理探秘	培养每一个孩子探寻物理的兴趣，利用趣味物理故事和有趣小实验，对物理学一些基本的规律、现象、概念作解释说明	10课时
	博士课程	了解科技前沿知识，学习博士们严谨治学、亲力亲为的优秀品质，培养动手能力，拓宽科学视野，激发爱科学、学科学的热情，播下科学的种子，为每一个孩子将来树立为科学献身的远大抱负打下基础	10课时

课程模块	课程名称	课 程 内 容	课时安排
V模块：科学·创新类	STEAM	通过课程实践性教学，着重培养每一个孩子的创造力、沟通合作能力、解决问题能力；发现和挖掘每一个孩子的兴趣与特长，更好地展现自我	理论与实践共20课时
	茶香·茶道	学习认识茶，了解中国茶文化	理论与实践共10课时
E模块：生涯·拓展类	小记者	结合校园内外事件及时地宣传报道，认识和了解记者职业	10课时
	少年军校	了解军队，增强国防意识、集体主义观念，培养每一个孩子敢于吃苦、艰苦朴素的精神	40课时
	走进中学	校纪、校规教育、小升初衔接教育等	40课时
	小外交官	走进模联，认识模联	20课时
	经天纬地	组织每一个孩子到大蜀山、巢湖、紫蓬山等地开展野外考察	16课时
	我的旅行课堂	组织每一个孩子到北京、西安等地研学旅行	60课时
	学校典礼	组织开学典礼活动	4课时
	成长仪式	入学仪式	2课时
		入团仪式	2课时
		升旗仪式	20课时

表6-3　合肥市五十中学东校八年级L-O-V-E课程设置表

课程模块	课程名称	课 程 内 容	课时安排
L模块：生命·健康类	花季雨季	成长的快乐和烦恼	2课时
	心晴	探索自我、情绪管理	16课时
	先锋足球	培养每一个孩子的足球技能	20课时
	篮途	培养每一个孩子的篮球技能	20课时
O模块：人文·艺术类	书法	学习硬笔书法技能和毛笔书法技能	10课时
	Carnival	培养每一个孩子的英语交际和表现能力	4课时
	绘画	学习素描、国画等	10课时
	舞蹈	民族舞蹈、劲舞、街舞等	10课时
	我心歌唱	练习合唱技能，演唱一些优秀作品	20课时

课程模块	课程名称	课 程 内 容	课时安排
O模块： 人文·艺术类	民乐飘香	了解竖笛、古筝、二胡等民族乐器，提升演奏水平和技巧，弘扬中华传统文化	10课时
	悠扬 葫芦丝	学习演奏葫芦丝	10课时
	中华传统 节日	开展爱国主义、民族精神、中华文化等方面的教育	4课时
	向国旗 敬礼	在国庆节开展向国旗敬礼等爱国主义教育	2课时
V模块： 科学·创新类	小达尔文	通过生物实验了解生命体的构成和运行情况	10课时
	博士课程	了解科技前沿知识，学习博士们严谨治学、亲力亲为的优秀品质，培养动手能力，拓宽科学视野，激发爱科学、学科学的热情，播下科学的种子，为每一个孩子将来树立为科学献身的远大抱负打下基础	10课时
	STEAM	通过课程实践性教学，着重培养每一个孩子的创造力、沟通合作能力、解决问题能力；发现和挖掘每一个孩子的兴趣与特长，更好地展现自我	理论与实践 共20课时
	生活中的 化学	介绍生活中与化学密切相关的知识	8课时
	科幻世界	发挥想象力，进行科学幻想并将未来景象描绘出来	10课时
E模块： 生涯·拓展类	小记者	结合校园内外事件及时地宣传报道，认识和了解记者职业	10课时
	我的旅行 课堂	组织孩子到新加坡、英国、美国等地	120课时
	辩出真我 风采	培养每一个孩子的思辨能力	4课时
	经天纬地	培养地理思维、实践能力	10课时
	小外交官	如何参加模联会议	30课时
	希望之星	培养每一个孩子的英语综合表现能力	10课时
	学校典礼	组织开学典礼活动	4课时
	成长仪式	入学仪式	4课时
		日常文明礼仪	

表6-4　合肥市五十中学东校九年级L-O-V-E课程设置表

课程模块	课程名称	课程内容	课时安排
L模块：生命·健康类	花季雨季	同学友谊	2课时
	心晴	情绪管理	4节课
		临考心理疏导	4节课
O模块：人文·艺术类	书法	学习硬笔书法的技能和毛笔书法的技能	10课时
	绘画	素描、国画等	10课时
	民乐飘香	竖笛、古筝、二胡等	10课时
	经典诵读	内容包括《弟子规》等作品	8课时
V模块：科学·创新类	博士课程	了解科技前沿知识，学习博士们严谨治学、亲力亲为的优秀品质，培养动手能力，拓宽科学视野，激发爱科学、学科学的热情，播下科学的种子，为每一个孩子将来树立为科学献身的远大抱负打下基础	4课时
	魅力化学	介绍化学学习策略，化学对人类生产、生活的重要作用，开展化学实验	16课时
E模块：生涯·拓展类	小记者	结合校园内外事件及时地宣传报道，认识和了解记者职业	10课时
	生涯发展	对自身未来生涯发展进行初步探索与设想	2课时
	小外交官	如何成长为一名优秀模联人	30课时
	学校典礼	组织开学典礼、毕业典礼活动	8课时
	感恩教育	组织学生话感恩	2课时
	学校节日	校园文化艺术节	4课时

第四节

为成长与未来做准备

学校办学目标的实现、办学特色的彰显、每一个孩子个性发展的呈现、教师专业化程度的提高等等，都需要通过课程实施来达成。学校只有从课程理念的确立、课程目标的把握、课程体系的构建、重点学科的建设、课程资源的开发等方面全新理解并不断实践和完善，才能真正体现学校办学特色，实现学校的育人目标。学校只有不断推动课程活动的有序开展，稳步推进基础课程的有效实施，并将课程的评价落在每一个孩子的核心素养上，每一个孩子的成长中，以及对未来的准备上，才能建设好学校课程。

一、构建"大爱课堂"，推进课堂深度学习

我们的"大爱课堂"是笃学的课堂，"笃学"既是一种对待学习的态度，更反映了人的一种行事风格。我们的"大爱课堂"是明理的课堂，"明理"既是学习的内容，也是学习的目的。

根据国家《义务教育课程标准》，按照"爱真理、求真知、做真人"的学校育人目标，编制具有适应本校实际情况的课程纲要，形成教学标准，并不断提升课程实施能力。编制过程中，主要把握以下四个方面的要素：课程目标、课程内容、课程实施和课程评价。实施纲要突显课程研发团队建设、校本课程结构网络、课程资源挖掘整合、育人目标达成途径、核心素养培养支架、实施场地课时安排与教学建议和评价机制。

二、构建"大爱课程群"，全方位落实课程理念

学校"大爱课程群"依据学校的"爱育真人"课程理念，设立"1+X"学科课程群，"1"指的是依据国家设立的基础课程；"X"是依托基础课程的学科特点以及孩子们的个性化需求，延伸开发的拓展课程，主要满足孩子的体验、实践和探究等需求，培养孩子的人文素养和创新意识。

1. 构建"多彩语文"课程群。依据国家的教育方针政策和学校的基础课程，学校主要是以国家的统编教材为教学媒介，全面有效地实施国家课程。拓展课程是依据义务教育阶段语文学科的课程标准、初中生的年龄发展特点以及学校"爱真理、求真知、做真人"的育人目标而自主开发，分为"经典诵读""智慧阅读""舞台辩论"和"校园创作"四大类别。经典诵读，是指让孩子们反复诵读、品味作品，体会作者的情感态度，学会运用恰当的语气语调来诵读，表现自己对作品的理解。诵读时提倡情感自然真实，摒弃矫情做作的语气语调。智慧阅读，是指引导每一个孩子认真研读文本，在有深度的思维和情感活动中，加强对作品思想情感的理解和体验，获取属于自己的感悟和思考。在充分理解文本的基础上，倡导多角度、有创意地表达自己独特的阅读体验，在阅读过程、阅读反思和阅读批判等环节中，拓展自己的思维空间，提高阅读的效果。在教学活动中要珍视每一个孩子独特的感受、体验和理解。舞台辩论，是指让孩子们能借助自己长期语文学习养成的语感和对文学作品语言运用规律的把握，根据具体的语言环境和不同的辩论话题，然后运用有质量的口头和书面语言进行得体的表达与辩论，不断增进自己舞台辩论的智慧。校园创作，是指让孩子们敢于动笔，乐于表达，引导孩子们观察现实，感悟生活，表达自己真实的情感，逐步培养孩子们对自然、社会生活、热点事件的观察、思考、判读和表达的能力，引导每一个孩子养成"言为心声"的创作习惯。

2. 构建"智能数学"课程群。依据《义务教育数学课程标准（2011年版）》（以下简称《课程标准》），结合学校孩子的情况，在七、八、九年级分别开设《智能数学：深度思维、提升素养》课程，具体分为智能数式、智能图形、智能数据、智能探究四大类。智能数式，即结合《课程标准》中数与代数部分内容及其教学目标，由数抽象为式，将数与式及方程紧密联系起来。

通过开展数与式及方程的求解过程，优化解题思路和策略，进一步提高每一个孩子的计算兴趣和计算能力。智能图形，即结合《课程标准》中图形与几何部分内容及其教学目标，根据每一个孩子已有的生活经验和不同的认知规律，调动孩子们多种感官进行几何图形的探究活动，经历折、剪、拼、画等动手操作活动，体会图形变化的神奇，进一步发展孩子的空间想象观念和逻辑推理能力。智能数据，即结合《课程标准》中统计与概率部分内容及其教学目标，学校开设数据分析、统计与概率课程，着重发展孩子们对实际问题中的数据进行收集、整理以及应用的过程，提高应用数学知识解决实际问题的能力。智能探究，即结合《课程标准》中综合与实践部分内容及其教学目标，培养每一个孩子的数学核心素养及数学推理的严谨性。数学课程群研发小组在不断的教学实践中，明确提出了"智能数学"的数学学科理念，引导并鼓励每一个孩子积极参与实践活动，培养自主探究、小组合作意识，感悟数学与生活的联系，发展数学应用意识和能力。研发小组旨在追求数学的科学性、创造性、实践性和应用性，追求初中数学教育的真义，让每一个孩子在思考中进步，在实践中成长；积极引导孩子搜集、阅读、交流有关数学的历史与文化，开拓孩子的视野，渗透情感态度教育，激发孩子们的爱国热情。

3. 构建"SEEDS英语"课程群。S—Stimulate（激发），即教师通过精心设计课程，以饱满的教学热情感染每一个孩子，激发每一个孩子学习的好奇心与积极性，培养他们的求知欲，引导自主探索和学习，夯实英语基础，强化他们的自信心；E—Enjoy（享受），即针对每一个孩子的身心发展特点，教师创设语言情境，通过各种丰富多彩的听、说、读、写等课程活动充分调动孩子们的情感、兴趣、态度等因素，促进每一个孩子语言技能的发展，让每一个孩子在享受课程学习的过程中，不知不觉提升兴趣，丰富语感，开阔视野；E—Experience（体验），即教师设计课程，为孩子们创造真实鲜活的语言环境，让每一个孩子在实践中对知识形成真正理解，理论与实践相结合，感受语言，理解语言，习得语言；D—Develop（发展），即根据孩子们的身心特点设计课程，教师采用发展的观点培养孩子们的语言能力及与其综合素质相关的能力；S—Share（分享），即教师根据中学校园生活的特点，设计各种课程，让孩子们运用英语去分享自己的学习成果，并从中交流自己的学习心得，在提高英语综合能力的基础上，提高社会交往能力，增强对社会、文化和世界的认识，实现共赢。基于核心素养对孩子们不同维度的要求，五十中学东校开发了"SEEDS英语"课程群体系，旨在构建一个供孩子们学习、成长的课堂，逐步达成英语课程标准中的总目标。为达到这个总目标，英语课程群研发小组以人为本，以提高孩子们的英语运用能力和思维能力为指导思想，创设"SEEDS英语"课程群，培养每一个孩子的综合语言运用能力。与此同时，每一个孩子通过参与"SEEDS英语"课程，全方位地去感知、体验、浸润和感悟英语语言的魅力，从而为将来更进一步的语言学习打下良好的基础。

4. 构建"和美地理"课程群。和美地理指借用一定的地理方式去帮助每一个孩子理解人与地理环境之间的关系，形成人地和谐、可持续发展的观念，建立正确的人生观，从而构建美好的人生。和美地理课程分为以下几个部分：（1）和美地理话生活。和美地理课程选择与生活密切相关的内容，引导每一个孩子在日常生活中发现地理的美，提升每一个孩子的生活质量与品味，提高其在面对困难时的生存能力。（2）和美地理促思想。和美地理课程引导每一个孩子学会用地理视角观察和思考问题，关注自然环境与社会发展，逐步形成人地协调与可持续发展的观念。（3）和美地理乐实践。从培养每一个孩子的创新意识和实践能力出发，和美地理课程重视开发利用在地资源，不断拓展空间，采用不同的学习方式，引导每一个孩子自主学习、实践探索和合作交流。

三、丰富学生社团，搭建学生综合发展平台

学生社团刚成立时设天文、生物、航模及机器人四个分社团，经过十几年的发展，现已形成五大类社团群组，即文学类、科技类、艺术类、体育类、综合类。文学类包括文学社、小记者社、影评社、诵读社等；科技类包括机器人社、信息社、科幻社、科创社、生物社等；艺术类包括民乐社、合唱社、书画社、动漫社、摄影社、徽标社等；体育类包括手球社、篮球社、足球社、啦啦操社、棋社等；综合类包括地理学社、模拟联合国社、爱心社、心理社等。各社团聘请中科大教授、科大学生及本校学科教师、相关专业的学生家长作为辅导员，提供指导，每半学期举办一次会员学术交流会，不定期地组织户外考察活动来锻炼会员的意志及实地操作动手能力。类型多样的社团为

社团课程的开发提供了丰富的资源。

四、建设"大爱舞台"，多维度展示课程建设成果

为了助推孩子们综合能力的发展，为他们各方面能力的提高提供更多更好的展示平台，多维度地展示课程建设成果，学校创建了众多"舞台"，让更多的孩子在五十中学东校寻得兴趣，取得发展，获得自信。

1. 少年军校。每年暑期，学校对新入校的七年级新生集中开展国防教育，开设"少年军校"课程，邀请部队官兵、武警战士或辖区人武部人员开展培训。学校搭建这一"舞台"对入校的所有孩子进行爱国教育、团队教育；培养能吃苦、抗挫折的精神，提高个人的意志品质；树立为祖国富强、人民幸福而奋斗的人生理想。通过这一"舞台"也培养了孩子们的国防意识和生存技能。

2. 学生社团超市。每年9月份中旬，学校面向七年级新生开设学生社团超市活动。各社团在社长的组织下在自己的商铺前摆上展架、宣传彩页、社团作品等，面向新生进行宣传介绍，组织填写个人意向申请，随后部分社团还有笔试和面试环节。大约一周后，各社团正式公布录取名单。七彩的学生社团资源已经被挖掘和融入到学校课程建设中，能够加入五十中东校心仪的社团已经成为每一名刚入校新生的梦想，此后他们即踏入丰富多彩的社团课程。

3. 体育节。学校每年9月份开展体育节。在这期间，学校开设田赛、径赛两大类多项比赛。学校借助体育节这一"舞台"，既锻炼了每一个孩子的身体素质，又培养了孩子们团队合作精神、集体观念，帮助孩子们形成终身体育观，还集中展示了体育类和成长仪式类课程。

4. 广播操比赛。每年10月份，学校面向七年级全体学生举办广播操比赛，检验前期"体操"课程实施情况。学校借助这一"舞台"，既增强了班级的凝聚力，有效提高了学校课间操的质量，同时也培养了孩子们的团队精神，锻炼了他们吃苦耐劳、坚韧不拔的意志。

5. 模拟联合国大会。每年11月份，学校面向校内外学生组织召开模拟联合国会议。在活动中，孩子们饰演外交官角色，参与到"联合国会议"当中。代表们遵循大会规则，在各种国际会议中阐述不同国家的观点，为了"自己

国家"的利益进行辩论、演说，为解决冲突而相互协作，为追求利益而相互妥协，点名、自由辩论、动议、组织协商、起草决议……，他们在"联合国"的舞台上展示着自己的才能。通过这一"舞台"，孩子们了解和掌握了联合国会议的相关运作方式，通过辩论和倾听也更清晰地认识了现实世界。通过组织和参与活动，孩子们锻炼了组织策划管理、语言表达、文件阅读写作和人际交流沟通的能力，同时，拓展了国际视野，培养了领袖气质与合作精神，增强了社会责任感。每一场会议都是"小外交官"课程的综合展示。

6. Carnival（英语嘉年华）。学校每年12月份举办Carnival活动。活动中，孩子们通过歌曲、舞蹈、配音、舞台剧等形式进行演绎，提高了跨文化交流意识与能力，感受到了世界多彩的异域文化，拓展了国际视野。这一活动是"Carnival"课程成果的集中展示。

7. "致真杯"校园辩论赛。每年3—5月份，学校都会举办十几场"致真杯"中学生校园辩论赛。在这一"舞台"上，东校众多学子积极思考辩题，认真准备每场比赛。学校通过辩论，引导孩子们全面、客观地看待社会上的一些现象和问题，逐步提高孩子们的思辨能力和人文素养，帮助他们开拓思维，增长知识，同时对孩子们也加强了礼仪、口语表达、团队精神方面的培养。校园辩论赛是"辩出自我风采"课程的重要展示平台。

8. "篮途杯"三人制篮球赛。每年5月份，学校都会举办"篮途杯"三人制篮球赛。这一传统比赛在丰富校园文化生活的同时也提高了孩子们的身体素质，增进各班级的凝聚力，在大力推动阳光体育运动开展的同时也检验了学校"篮途"课程的开展情况，深受师生的欢迎。

9. 校园文化艺术节。每年5月份，学校举行全校文化艺术节，为全体孩子搭建一个放飞青春、展示自我的舞台。这个"舞台"推进了学校的素质教育，促进每一个孩子德智体美劳"五育"发展，是"我心歌唱""民乐飘扬""悠扬葫芦丝"等校本拓展课程的重要展示平台，彰显了学校艺术教育的成果。

10. 毕业典礼。每年6月份中考结束后，学校都在校园梧桐广场举行露天毕业晚会，这是学校"典礼"课程重要的组成部分。别样的时间，即将告别生活三年的菁菁校园、老师与同学，一届届毕业生们谨记母校的校训，秉承母校的优良传统，带着美好的回忆和老师、同学们的殷殷祝福，迈向更加多姿多彩的人生黄金期。

五、构建"大爱联合体"，共推联合体课程建设

孩子的教育离不开家庭、学校和社会，学校课程的建设也必须得到家庭的大力支持，因此，我们努力创设由家庭、学校和社区共同建立的"大爱联合体"，充分利用学校周边社区资源，共同打造丰富多彩的家校共育和社区课程。学校先后与蜀山区交警大队联合建设了"天桥小交警"，与辖区的合肥市急救中心联合开发了"呵护生命之花"，与辖区内安徽农业大学国家重点茶实验室开发了"茶香茶道"等课程。

学校充分利用家长、社区等资源联合开发课程，通过孩子们现场参与、过程表现、结果考核等方式进行过程性评价，重点考察孩子的参与度、活跃性、相关知识与技能的掌握程度及认知态度等。

总之，学校课程建设不是一蹴而就的事情，需要全校师生持之以恒地去做，并在做中思考、做中创新、做中提升。要想有效、有序、高质地推进课程建设，就需要学校的校长和中层领导对课程进行价值引领和高效管理。教育的核心是育人，而育人的核心就是实施"爱"的教育。我们认为要想达成这一目标，最终就是要依赖和弘扬"大爱教育"。

（撰稿者：孙秀芝　孟　斌）

第七章

校长是学校的核心人物，其具备的管理理念、办学思想、办学目标和治校策略等都影响着学校发展。校长的课程领导力是校长创造性地决策、引领、组织课程实施的驾驭力和执行力，是学校发展的软实力。学校课程哲学可以由校长根据学校实际确定，这是校长卓越课程领导力"自然流淌"出的真知灼见。

由学校核心人物确定

　　学校教育哲学即学校共同体的教育信仰。为缓解学位紧缺的困境，新建学校如雨后春笋般拔地而起。以校长为首的核心人物对新校的成功创办起着重要的作用，并有责任建构别具一格的课程哲学。陶行知先生曾经说过："做一个学校校长，谈何容易！说得小些，他关系千百人的学业前途；说得大些，他关系国家与学术之兴衰。"因此可以说，"一个好校长成就一所好学校"。学校创始时的师生员工，必须比一所老校的师生员工具有更加强烈的文化自觉，他们在创始时的做事方式与哲学追求将深远地影响学校的未来。核心人物确定课程哲学需要注意把握三个尺度：首先，核心人物只有深入课堂，研究课程，其树立的课程哲学才能符合教育规律，符合课程标准和内涵。其次，核心人物要有长远眼光，明晰未来据以做事的方式有利于促进学校的内涵式长期性发展。最后，核心人物确定课程哲学也要吸收学校共同成员的集体智慧，所确定的课程哲学应该是广大师生认可和接受的。美国教育学者斯宾塞·马克西于2001年在其文章《通过学校教育哲学追求教育中的幸福》中明确指出："学校教育哲学是学校作为一个组织或者共同体整体看待自身的一种方式，主要包括对待学校共同体成员的方式、对待学校工作的态度以及学校的使命与愿景，其目的是寻求学校教育的幸福。"①一个好校长再创建一批优秀的学校领导班子，能够充分发挥一加一大于二的教育功效。

　　合肥市习友路小学是一所新学校，建校七年多来，教育教学稳扎稳打，课程建设逐步深化，师生精神面貌积极向上，学生特色发展见长，这些都得力于以校长为首的学校核心人物的价值引领。建校初，学校核心人员就以学校特殊的地域文化和新兴产业文化为基础，建构了自己的教育哲学体系。学校的教育哲学是"梦想教育"，希望学生能够敢于有梦、勇于追梦、勤于圆梦，最终达到以梦立德、以梦启智、以梦健体、以梦育美的教育目的。

　　基于学校的育人目标，以原有的梦想文化为奠基，学校提出了"为引领梦想提供力量"的课程理念，让教师在帮助孩子们寻梦、筑梦、圆梦的过程

① Spencer. J. Maxcy. Happiness in Education Through the Development of a School Philosophy [J]. Education，2001，(4).

中圆自己的教育梦。学校通过开设"小脚印课程"，构建"梦想课堂"，深度推进课程建设，使每个孩子在学习的乐园里逐梦成长。

（撰稿者：王　莹）

文化坐标　合肥市习友路小学
课程哲学　为引领梦想提供力量

合肥市习友路小学是一所新学校，建于2014年7月，位于政务区习友路与科学大道交叉口东北角，东邻秀丽的匡河风景区，西靠美丽的蜀山风景区；总占地面积23 000平方米，校舍建筑面积15 500多平方米；有两个1 000平方米的风雨操场，四个室外篮球场，一个300米塑胶跑道；现有教师206人，教学班75个，在校学生3 559人。建校七年多来，教育教学稳扎稳打，课程建设逐步深化，师生精神面貌积极向上，学生特色发展见长，参加竞赛、演出、展示等活动成绩优异；老师们在全国、市、区级教学、教研评比中表现突出，撰写论文获奖，形成课例示范。我们开展研究，注重理论指导与实践操作结合，汇编了《习友路小学课程指南》和《习友路小学"小脚印"课程纲要》；获得了合肥市"百姓身边的好学校"称号；作为合肥市科普示范校和地震教育示范学校、市级篮球示范校、足球示范校和全国生命教育示范校，学校的社会信任度显著提升。

第一节

为引领梦想提供力量

学校在新时期教育教学思想的影响和各级专家指导下，不断梳理既符合学校特色又顺应时代发展要求的办学理念和目标。我们以学校特殊的地域文化和新兴产业文化为基础，建构自己的教育哲学体系，激发教师的教育智慧，促进学校的内涵发展，为引领梦想提供力量。

一、学校教育哲学

我们提出的学校教育哲学是"梦想教育"。梦，具有奇幻色彩，是孩子创造力的源泉；想，要突破原思维模式，有往前走的动力。梦想是穿越时空的推手；梦想是指引方向的灯塔。梦想教育以孩子的兴趣点为出发地，充分发掘孩子的潜能；为每个孩子提供生命成长空间，为实现美好梦想插上腾飞的翅膀。梦想教育引导学生拥有梦想、勇敢追梦、勤奋圆梦。

梦想教育要以培养学生的梦想意识、精神、能力为目标，着眼于人的整体素质提高，将"梦想"元素融于学生的德、智、体、美、劳等教育中，以梦立德树人，以梦启智明理，以梦强身健体，以梦养性育美，为学生的终身发展奠定坚实丰厚的精神基石，实现学校的育人目标。基于上述理解，我们秉持如下教育信条：

我们坚信，
梦想是生命蓬勃的力量；
我们坚信，

每个孩子都渴望拥有梦想的翅膀；

我们坚信，

每位教师都饱含助梦成长的情怀；

我们坚信，

学校是培育梦想、萌发希望的沃土；

我们坚信，

教育是丰满羽翼、飞越童年的旅程；

我们坚信，

让生命在梦想的土壤中茁壮成长是教育最美的状态。

二、学校课程理念

基于学校育人目标，以"梦想文化"为基础，我们提出了"为引领梦想提供力量"的课程理念。

课程即向往美好的教育。梦想，是一步步走出来的，只有坚持每一小步的积累，才可能走完梦想的千里长途；只有一步一个脚印，不畏艰难，不怕曲折地踏实向前，才能实现美好的追求。我们努力使每个孩子"拥有梦想的翅膀，飞越七彩童年"。

课程即汇聚力量的教育。每一种课程就是一种力量，依据教师的教学主张衍生开来，展示教师的个人风格，蕴含教的力量；每一个孩子都是独特的个体，关注他们的生命成长，引导他们在学习中发现、探究、体验，给予学的力量。汇聚思想，师生合力，让梦想拥有前行的力量。

课程即绽放个性的教育。"梦"对于教师，是为了更好的专业成长，彰显教学风格的魅力；同时，每位教师也努力让自己的课堂变得更吸引学生，把学生参与活动的主体性充分调动起来，以期绽放每个孩子的个性。

总之，让每一位教师体验到"教育"的伟大与奇妙之处，以帮助孩子们找寻梦想、构筑梦想、实现梦想。在这样的过程中，教师也在圆自己心中的梦，为实现学生的个性发展而实现自己的人生理想。

第二节

让儿童拥有梦想的翅膀

秉承"拥有梦想的翅膀，飞越七彩童年"的办学理念，我们积极践行"梦想教育"哲学，提出学校的育人目标和课程目标。

一、学校育人目标

学校的育人目标是培养"有梦想，能坚持；好学习，善探究；会审美，有情趣；爱运动，乐生活"的少年。

——有梦想，能坚持。有目标才有方向，能坚持方会成功。蚌病方成珠，勤砺宝剑出。让"脚踏实地，志存高远"成为学生逐梦路上的心灵烙印。

——好学习，善探究。学习不仅在校园、教室，更在生活的细微处；学习不仅在当下，更贯穿于人的一生中。让学生乐学、会学、善学、活学，就是在为终身学习打好底色，为成为大写的"人"而奠基。

——会审美，有情趣。蔡元培说过："美育的范围，并不限于几个科目；凡是学校所有的课程，没有与美育无关的。"有用，是生存之本；有趣，是生存之道。让学生有用有趣，就是要培养孩子开朗从容的心性，提升其内涵修养、文化品位。

——爱运动，乐生活。运动，既给人强健的体魄，又让人充满积极向上的力量。心理研究早就表明，多参加体育运动对孩子的身心发育、性格养成有着不可替代的作用。我们积极倡导，希望每一个孩子都能用健康的身体创造快乐的生活，以健康的心态享受美好的生活。

二、学校课程目标

为实现育人目标，我们将"有梦想，能坚持；好学习，善探究；会审美，有情趣；爱运动，乐生活"的培养目标进行细化，结合学生年龄差异，划分为低、中、高三个阶梯的课程目标，具体如下（见表7-1）。

表7-1 合肥市习友路小学分年级段课程目标

课程目标 育人目标 \ 年级	低 年 级	中 年 级	高 年 级
有梦想 能坚持	热爱班集体，与同伴相处融洽，有意愿为他人带来快乐；遇到难题不轻易退缩。	热爱家乡与祖国，待人真诚；遇事沉着，有理想，有韧性。	树立社会责任感和使命感，能为他人带来快乐；初步建立世界观和人生观。
好学习 善探究	能注意到生活和学习中的现象并简单提问，尝试解决；体会到其中的乐趣。	主动发现生活和学习中的问题，尝试解决问题；愿意与他人交流合作，共同解决问题。	乐于自主学习，有独立解决问题的意识；在学习中能及时提出问题并总结规律。
会审美 有情趣	喜爱小学生活，对音、体、美等学科感兴趣，乐于参与艺术类实践活动。	初步形成艺术感受力与欣赏力；能掌握简单的创作技能，主动参与艺术活动，发展自己的兴趣。	有丰富的想象力和创造力，培养乐观自信的态度和审美情趣，展示自我，有一技之长。
爱运动 乐生活	能掌握基本的体育技能，并有安全意识；热爱生活，主动帮助他人，感受到生活的美好。	能掌握更多的体育技能，安全意识增强；积极帮助他人，善于发现生活的美好。	进一步掌握体育技能，安全意识强；实现自我管理，态度乐观、心理健康。

让儿童追逐心中的梦想

学校课程设计是从宏观层面对学校已有的课程进行系统的规划、思考与编排，以优化课程体系与结构，完善学校的课程框架，实现学校的发展愿景，让儿童在丰富的学习经历中追逐心中的梦想。

一、学校课程逻辑

我们遵循"拥有梦想的翅膀，飞越七彩童年"的办学理念，以培养"有梦想，能坚持；好学习，善探究；会审美，有情趣；爱运动，乐生活"的"梦想少年"为育人目标，构建如下课程逻辑体系（见图7-1）：

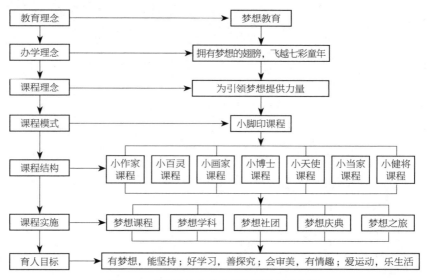

图7-1 合肥市习友路小学课程逻辑示意图

二、学校课程结构

学校依据加德纳多元智能理论，课程设置聚焦核心素养，旨在为学生终身发展打下厚重的人生底色，用心构建"小脚印课程"，即立足主体、引领梦想的多元课程，把培养目标与课程设置相结合，从多个角度构建了综合性与个性化互融互补的课程，让孩子在这个"梦园"中收获知识、提升能力、丰富情感、乐享童年生活，追逐心中梦想，使学校成为每一位师生精神成长的家园（见图7-2）。

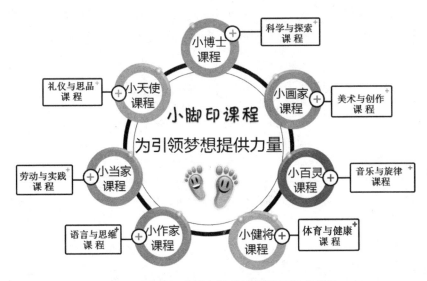

图7-2 合肥市习友路小学"小脚印课程"结构图

三、学校课程设置

根据"小脚印课程"结构图，整合现有课程资源，以学生身心发展规律为出发点按六个年级分布课程，以七类课程为主要内容，纵横结合，形成逻辑体系，呈现完整的课程图谱。小博士课程即科学与探索课程，小画家课程即美术与创作课程，小百灵课程即音乐与旋律课程，小健将课程即体育与健康课程，小作家课程即语言与思维课程，小当家课程即劳动与实践课程，小天使课程即礼仪与思品课程。"小脚印课程"努力让每一个孩子成为有梦之人，让每一天成为追梦之日，让六年的小学时光成为学生主动发展、健康成长的梦想年华。"小脚印课程"设置见表7-2。

表7-2 合肥市习友路小学"小脚印课程"设置表

课程	一 年 级	二 年 级	三 年 级	四 年 级	五 年 级	六 年 级
小博士	1.七巧板 2.我是小鲁班 3.有趣的科学故事	1.趣味1+1 2.百花园 3.玩转数学	1.玩转牛顿 2.仿生机器人 3.数独	1.趣味数学 2.昆虫日记 3.电脑制作	1.举一反三 2.FLL(机器人) 3.VER(机器人)	1.银河系探秘 2.海底世界 3.远古时代
小画家	1.手指画 2.折纸空间 3.简笔画世界	1.童趣涂鸦 2.心灵手巧 3.泥人张	1.布艺 2.数字油画 3.快乐剪纸吧	1.科幻画 2.清艺美工 3.名画博物馆	1.小小书法家 2.素描教室 3.雕刻时光	1.墨香阁 2.魔幻科幻画 3.五彩空间
小百灵	1.合唱 2.我是小百灵 3.有趣的打击乐	1.合唱 2.生活中的音乐 3.口风琴	1.合唱 2.伯牙与子期(古筝) 3.古韵陶笛	1.合唱 2.大音乐家的小故事 3.竖笛世界	1.合唱 2.绿树成荫(吉他) 3.铜管世界	1.合唱 2.行进的管乐(行进管乐) 3.习小音乐厅
小当家	1.我能行 2.小小值日生 3.小小指挥员	1.小帮手 2.习小储蓄所 3.习小超市	1.长发公主 2.蝶恋花 3.水果拼盘	1.小园丁 2.小小家 3.红领巾广播站	1.童瞳看世界 2.旅游小贴士 3.生活小妙招	1.庆博时光 2.纺织社 3.旧物改造小达人
小天使	1.绘本古诗 2.传统节日 3.趣味阅读	1.美丽的小花猫(形体) 2.巧嘴小八哥(语言表演) 3.国学经典	1.I do爱读英语绘本 2.硬笔书法 3.成语故事	1.春天的芭蕾(芭蕾舞) 2.慧心影院 3.中华礼仪	1.民族大花园(民族舞) 2.沙翁剧场(话剧表演) 3.曲苑杂坛	1.茗香茶社 2.英语趣配音 3.相声大舞台
小作家	1.与经典同行 2.读写绘 3.绘本故事屋	1.与经典同行 2.故事汇 3.民族大观园	1.小古文赏析 2.绿领文学社 3.与经典同行	1.与经典同行 2.说文解字 3.快乐作文	1.与经典同行 2.小小演说家 3.趣味地理	1.与经典同行 2.作家梦想秀 3.图片中国
小健将	1.足球社 2.毽子飞舞 3.奔跑的快环	1.足球社 2.魅力啦啦操 3.悠悠球	1.足球社 2.乒乓俱乐部 3.跆拳道基础	1.足球社 2.灌篮高手 3.花式跳绳	1.足球社 2.跆拳道馆 3.动感健美操	1.足球社 2.羽毛球社 3.棋艺世界

第四节

在学习的乐园里逐梦成长

根据《合肥市普通中小学课程方案》，学校课程由基础型课程、拓展型课程和探究型课程组成。在"为引领梦想提供力量"的课程理念下，学校"梦想课程"从"梦想课堂""梦想学科""梦想庆典""梦想社团""梦想之旅"等方面深度推进课程建设，让每个孩子在学习的乐园里逐梦成长。

一、构建"梦想课堂"，夯实学科课程基础

课堂教学是课程价值实现的有效途径之一，"梦想课堂"是习友路小学"梦想教育"在实践中催生的创新举措，她聚焦学生素养的培养，旨在提高教学质量，进一步提升学校的教学品质，彰显出课堂魅力。

（一）"梦想课堂"的内涵与实践

助梦成长，飞越童年，"梦想课堂"是教师力量的积聚，是学生独特的体验，是积累沉淀的坚持。

"梦想课堂"是内涵丰富的课堂。"丰富"既是"梦想课堂"所追求的内涵，也指课堂的知识内容及教育视野。让学生在课堂上学得知识、习得技能的同时把思维能力和创新意识也植根于心中。

"梦想课堂"是方法灵动的课堂。"灵动"体现自然生动的学习过程，展现自如灵活的教学方法。师生的教与学是智慧与兴趣的融合、探索与创造的尝试。课堂教学环节紧凑严密，饱含深度的学习内容让师生回味无穷。

"梦想课堂"是思想自由的课堂。学习是学生个性化的体验，不能用一种思维束缚其发展。课堂学习过程是和谐有效的，教师的教和学生的学都要呈

现思想的自由。

"梦想课堂"是饱含文化的课堂。课堂文化充盈其间，渗透于师生心中，充满了对生命的点化、润泽与关怀。从容的文化氛围是一份恰如其分的课堂和谐，体现了对教育的尊重、理解与情怀。

（二）"梦想课堂"的评价

"梦想课堂"评价的目的在于促进学生的身心发展。评价内容设置不仅要关注学生、教师、学校和课程在发展过程中的需要，更要能激发其内在发展动力，使课程不断进步，实现其价值（见表7-3）。

表7-3　合肥市习友路小学"梦想课堂"评价量表

评 价 项 目	评 价 内 容	得 分
学生思维（20分）	活跃、专注、发散、求异、变通、创新	
学生行为（20分）	文明、敏捷、快速、机灵、自律	
学生气质（20分）	有梦想、有品味、有毅力、素养高	
师生情绪（20分）	稳定、平和、宁静、激情	
课堂氛围（20分）	和谐、包容、生动、投入	
教学效果	高质量、高效益、高优化、高品位	

二、建设"梦想学科"，推进学科课程实施

学校对学科课程进行统整规划，根据学科特点、学生需要以及学校实际，研发了丰富的拓展性课程，形成了各具特色的课程群，以学科课程群的建构与实施提升学校课程品质与学科教学质量。

（一）"梦想学科"的建设路径

学校根据小学生身心发展的特点和个人兴趣爱好，用心构建具有学科特性的课程群，以基础课程为原点，拓展丰富的课程，或与基础课程相整合，立足学生发展，注重学生在课程中的体验，激发内力，促进生命成长。

1."生动语文"课程群。"生动语文"课程包含"识字与写字""阅读""写话与习作""口语交际"与"综合性学习"。"小脚印"课程中涉及排演课本剧、参观访问活动、故事会、诵诗会、书法社等结合语文课的学习实施的课外活动。另有一些如校园文化建设、"道德与法治"学科、音体美学科中的与语文课程相关联或融合的课程。具体设置如下（见表7-4）：

表7-4　合肥市习友路小学"生动语文"课程群课程设置表

课程类别 / 年级		"生动识写"	"生动阅读"	"生动写作"	"生动交际"		综合性学习			
		写字有法	走近名家	写遍校园	喜闻乐讲		大美安徽	皖风徽韵	生动庆典	生动之旅
一年级	上学期	拼音闯关	铁画银钩	读与说	落笔生花	奇趣体验	漂流写趣	徽韵风情	拼音节	探踪寻迹
	下学期	汉字奥秘	字风词韵	读与演	创意读写	童言童语	诗润心田	趣味谜语	汉字节	我爱家乡
二年级	上学期	探索识字	初识字美	书海泛舟	亲近自然	细述故事	追本溯源	锦绣山水	童诗节	手不释卷
	下学期	自主识字	畅心运笔	书海拾贝	描绘自然	畅所欲言	传承美德	春华秋实	绘本节	书香致远
三年级	上学期	追根溯源	笔笔到位	书香天地	学写	喜闻乐讲	经典传颂	汉字故事	读书节	名人轶事
	下学期	字有道理	写字有方	津津乐道	乐写	情商素养	墨香中国	恐龙世界	唐诗节	报纸的家
四年级	上学期	静心书写	荷风送香	文苑漫步	童声嘹亮	喜闻乐讲	文化之旅	知人论世	故事节	江淮母亲
	下学期	墨香书韵	书海拾贝	文海杨帆	吟赏联语	逻辑"风暴"	书海之旅	暮省生活	书法节	中华儒学
五年级	上学期	去繁就简	大家名著	解读苏轼	校园四季	历史讲堂	皖风花语	皖之地域	宋词节	包拯人生
	下学期	汉字精灵	解诗说词	学习鲁迅	节气物语	图游世界	徽韵古今	皖之物种	对联节	庐州荣光
六年级	上学期	探究字源	入木三分	诗词天地	墨香校园	名人故事	朗诵节	诗的旅程	小说节	感受历史
	下学期	明晰字理	龙飞凤舞	最美声音	书画世界	梦回唐宋	诗词节	梦的远方	戏剧节	触摸四季

2. "拓思数学"课程群。依据"数学课标"中"数与代数、图形与几何、统计与概率、综合与实践"四大学习领域，结合"拓思数学"的课程理念，为了更好地帮助学生拓展思维空间，适应多元化发展需求，达到校本课程的目标，开发丰富的课程体系，数学教研组从"拓思计算、拓思图形、拓思统计和拓思实践"四方面设置课程，为学生数学核心素养建构提供丰富的课程滋养。基于学生未来发展所需要的关键能力和创造意识，数学教研组将课程具体设置如下（见表7-5）：

表7-5　合肥市习友路小学"拓思数学"课程群设置表

年级	课程类别	拓思计算	拓思图形	拓思统计	拓思实践
一年级	上学期	易加易减	趣味七巧	收纳小能手	我的校园
	下学期	百数通	创意搭一搭	可不可能	抽奖游戏
二年级	上学期	乘法口诀	巧思乐拼	环保检测员	节约用水
	下学期	奇妙规律	搭配大师	完善图书角	我的压岁钱
三年级	上学期	初识分数	对称之美	环保小卫士	制作年历
	下学期	除除有余	校园中的测量	看图说话	购物能手
四年级	上学期	运算律达人	边边角角	数说家乡	鸡兔同笼
	下学期	计算能手	探秘内角和	蒜苗的成长	家庭消费
五年级	上学期	巧算小数	巧手包装	省钱小妙招	奇妙的负数
	下学期	未知数的秘密	圆的奥秘	社区调查	旅游方案
六年级	上学期	数学百分百	生活中的圆	小分析师	理财达人
	下学期	玩转数字	小小设计师	数据库	思维导图

　　3."I do英语"课程群。我校遵循英语教育教学和学生认知发展及成长规律，旨在创造循序渐进的、更轻松愉悦的学习环境，充分利用多元素教学手段，稳步推进并完善爱英语课程设置（见表7-6）。

表7-6　合肥市习友路小学"I do英语"学科课程群设置表

年级	课程类别	基础性课程	拓展性课程	探究性课程
一年级	上学期	Pepbook 1 (一年级起点)	活力耳朵	火眼金睛
	下学期	Pepbook 2 (一年级起点)	我说你做	魔力拼读
二年级	上学期	Pepbook 3 (一年级起点)	鹦鹉学舌	节奏歌谣
	下学期	Pepbook 4 (一年级起点)	快乐字母	乐读绘本
三年级	上学期	Pepbook 1 (三年级起点)	故事时间	童声同唱
	下学期	Pepbook 2 (三年级起点)	涂鸦英语	超级模仿
四年级	上学期	Pepbook 3 (三年级起点)	你来我往	趣味卡通
	下学期	Pepbook 4 (三年级起点)	书写达人	最强大脑

课程类别 年级		基础性课程	拓展性课程	探究性课程
五年级	上学期	Pepbook 5（三年级起点）	童话世界	经典回响
	下学期	Pepbook 6（三年级起点）	高能列车	我爱演讲
六年级	上学期	Pepbook 7（三年级起点）	时尚打榜	原著欣赏
	下学期	Pepbook 8（三年级起点）	天生演员	未来作家

4."跃动生命"课程群。"跃动生命"课程以科学、美术、体育和心理健康等课程为依托，设置一系列课程，注重学生在课程中的体验，激发学生内力，促进学生身心健康、生命成长（见表7-7）。

表7-7　合肥市习友路小学"跃动生命"课程群设置表

年 级	学 期	学 科	课程名称	课程内容
一年级	上学期	智动科学	1. 万紫千红 2. 动物世界	1. 花的世界 2. 哺乳动物 3. 昆虫
	下学期		1. 海底探索	海洋生物
二年级	上学期	萌动道法	1. 我试试 2. 一起玩	游戏
	下学期		1. 小卫士 2. 我能行	1. 身边的规则 2. 公益小课堂
三年级	上学期	联动综实	1. 家政技能 2. 农林劳作	1. 小美食家 2. 小园艺家
	下学期		1. 工艺制作 2. 文化创意	1. 小工匠 2. 小设计师
四年级	上学期	灵动美术	1. 大自然 2. 我的朋友	1. 自然美景 2. 动物朋友
	下学期		1. 手工	1. 多彩的折纸 2. 美丽泥塑
五年级	上学期	律动音乐	1. 小小打击乐 2. 陶笛	1. 响板沙锤和手铃 2. 小星星
	下学期		1. 管乐声声 2. 合唱	1. 竖笛 2. 鳟鱼、梦田

（续表）

年　级	学　期	学　科	课 程 名 称	课 程 内 容
六年级	上学期	脉动体育	1. 跆拳道 2. 花式跳绳	1. 基础招式 2. 基础花式
	下学期		1. 羽毛球 2. 啦啦操	1. 基础动作 2. 基础动作

（二）"梦想学科"的评价

学校的"梦想学科"评价，在关注学生知识习得的同时注重学生在学习中的体验、学习的兴趣和学科潜能。学校遵循为了学生发展的原则，制定以下评价标准：

1. 学科课程哲学清晰。立意新颖独特，体现学科性质与价值追求，表述具体深刻，与学校教育哲学相契合。

2. 学科课程目标明晰。能够在课程标准的基础目标之上，结合实际情况进行拓展与延伸，定位准确。

3. 学科课程设置丰富。结构有层次，"3+X"课程群设计兼顾到不同学段和能力学生的不同需求，科学合理。

4. 学科课程实施有序。实施途径多样化，有学科特色，注重过程性资料的收集整理，课程目标达成度较高。

5. 学科课程评价得当。评价形式与主体多元化，评价措施可操作性强，突出评价的层次性与科学性。

6. 学科课程管理严格。有相关的制度和措施保障课程的推进与实施，人员分工明确、团结协作，制度完善。

三、繁荣"梦想社团"，点燃课程学习热情

基于"拥有梦想的翅膀，飞越七彩童年"的办学理念，学校社团类型的开发实施由学生自主选择为主，教师组织引导，学校全力支持引领，确保"梦想社团"的深度实施。

（一）"梦想社团"的类型

学校的"梦想社团"是学生交流的空间、展示自我的平台，主要以体育竞技类、科学实践类、科技创新类和语言表演类为主。

体育竞技类社团引导学生认识到"生命在于运动"，健康的体魄来自坚持不懈的锻炼。该类社团旨在培养孩子的毅力，有旋风小子足球社、动感健美操社、乒乓球俱乐部和跆拳道社等。

科学实践类社团强化孩子的实践体验，使其在过程中感受科技的神奇与力量。该类社团旨在从小培养孩子的科学精神，训练其严谨求实的踏实作风，有玩转牛顿社、昆虫记、百花园和银河系探秘社等。

科技创新类社团根据小学生身心发展特点而逐级开设，激发学生的学习内驱力，引领学生爱上学习、善于探究，有仿生机器人、FLL机器人社、VER社和WER社等。

语言表演类社团创设情境让孩子感受艺术活动给自己带来的愉悦情绪，提高艺术方面的综合素养和能力，有小百灵社、绿源文学社、行走的音乐团和慧心影院等。

"梦想社团"以活动为驱动，整合家校、社区及社会各种资源开展丰富多彩的社团活动，聘请包括教师、家长、社区志愿者等在内的诸多人员指导社团建设，开发适合孩子个性的社团课程，开展并整理活动资料，并以此进行优秀社团的评选。

（二）"梦想社团"的评价

"梦想社团"在丰富校园文化、培养学生兴趣、发挥学生特长以及拓展学生素质等方面发挥了重要作用。"梦想社团"的活动空间大、活动内容丰富、活动方式灵活，深受学生的喜爱。"梦想社团"具体评价内容包括以下几个方面：

1."梦想社团"组建有序。社团招募充分尊重孩子意愿，以兴趣爱好组建成团，聘请有此专长的教师进行指导。

2."梦想社团"活动有方。师生沟通制定合理的活动方案，详细记录活动过程。学期结束有活动反思或小结，以便后期适度调整、深化课程研究。

3."梦想社团"管理得法。社团活动管理规范，以孩子的自我管理为主，教师辅导和跟进为辅，锻炼孩子的能力。

4."梦想社团"成果多样。与"梦想课程"的系列活动结合，从社团活动的形式、孩子参与度、能力提升度等方面以个性的方式展示社团活动成果。

四、举办"梦想庆典"，树立课程仪式感

学校以"梦想庆典"为实施途径，开展形式多样的活动，培养孩子纯真、向善、尚美的良好品质。

（一）"梦想庆典"的内涵与实施

每次庆典就是一个节日、一次爱的洗礼，是一个美妙的故事，是一份特别的情趣，是一种浓厚的氛围。孩子对庆典的期盼和传统习俗的仪式感，从一定意义上渲染且提升了人类美好生活的精神境界。庆典是一种具备丰富的文化内涵的仪式。文化精神通过课程系统的传递，使文化可感可触，生动形象，能充分激发学习兴趣，启迪学生智慧，培养表演能力、想象力和创造力。

"梦想庆典"分为传统庆典和创意庆典。其中，传统庆典突出情趣，努力为学生创设具有教育功能的情趣氛围，让学生在这种文化场中滋养内心，促进生命成长；创意庆典重在充满创意，从庆典的独特设计视角出发启发学生，用别开生面的庆典方式给童年留下美好的记忆。

（二）"梦想庆典"的评价

"梦想庆典"评价要规范化、科学化、多主体化，以庆典活动为载体，结合学校各年级、各学科活动目标，以过程性评价为主，从活动主题、内容、形式、过程、效果等方面进行评价，以真正促进学生的发展（见表7-8）。

表7-8　合肥市习友路小学"梦想庆典"评价细目表

项目	评 价 标 准	等 级	亮 点	建 议
主题	鲜明、新颖、有明确的指向性			
	时代感强，体现学校毕业生的形象			
内容	活动内容新颖，符合学生的年龄特征			
	活动环节典型，有说服力和感染力			
	结合实际，贴近学生生活和社会现实			
形式	寓教于乐，有利于学生个性特长的展示			
	层次分明，结构完整紧凑			
	丰富多样，学生喜闻乐见			
	环境营造得体，较好地烘托庆典主题			

项目	评 价 标 准	等 级	亮 点	建 议
过程	学生热情参与，主体作用发挥好			
	循序渐进，反映学生的认知特点和情感发生规律			
	教师引领学生得法，指导有度			
效果	学生体验积极，感悟深刻，引发情感共鸣			
	学生精神振奋，思想境界得到提升			

五、推行"梦想之旅"，拓宽课程实践天地

学校根据"梦想课程"的建设思路，积极推行研学旅行课程以加深孩子与自然的亲近，增进对自然与文化的认识、理解。

（一）"梦想之旅"的内涵与实施

"梦想之旅"就是利用一切可以利用的条件为学生营造浓厚的学习氛围，让学生在多元的环境中通过各种渠道开展实践活动、体验生活乐趣、进行专题教育。让孩子在旅中学、学中研、研中思，在大自然中拓展视野、丰富知识、放飞心灵、健康成长。

依据学生身心发展特点，考虑到年级不同、家庭教育环境不同，加之学校所处地理位置等因素，"梦想之旅"课程的实施以集体、小组、亲子等形式进行。低年级组织集体参观附近的博物院、书画社，要求学生能将见闻讲给家人听，班级组织主题交流会。新华书店、科技馆的参观可以家庭或小组形式进行，活动中以图片或记录方式整理资料，在班级中展示或学校活动中宣传。中高年级可灵活组织登山活动、三国遗址公园参观，将学科课程与地方课程结合，提升研学品质。

（二）"梦想之旅"的评价

"梦想之旅"重在培养学生的态度和能力，评价注重激励性，关注学生个性特长在活动中的发挥，鼓励他们施展自己的才能，努力形成学生积极进取、勇于创新的氛围（见表7-9）。

表7-9　合肥市习友路小学"梦想之旅"评价表

评价项目	评价要点	评 价 标 准	效 果
目的内容 （20分）	目标明确	培养4种意识、4种能力、发展个性	
	内容实用	贴近学生以丰富间接经验 贴近生活以丰富直接经验	
	内容综合	指导融合信息 运用学科知识	
	深浅适当	分量适当 难易适当	
方式方法 （15分）	组织形式	走出校园实践感悟 具体组织形式得当	
	学生活动方法	方法得当 多法结合	
活动过程 （30分）	活动要素	具备基本出行要素 有机组合家校配合要素	
	活动步骤	活动准备 活动展开、研究、实践 活动评价总结	
活动效果 （35分）	学生的自主性	学生自主地思考、设计操作和解决问题	
	学生的创造性	思路新颖 方法多样 有一定的活动成果	

　　总之，我们围绕"梦想教育"的办学理念，即"为引领梦想提供力量"，在教育教学过程中注重价值引领，重视发掘师生的教育梦想，让师生充满教育智慧，提升师生的创造力和敏捷力，提升教师机智灵活的教育教学能力，帮助学生成功追梦。

（撰稿者：严　辉　王田军　范从庆　徐立亭）

后记

每一种学校课程都离不开课程理论与实践，都离不开课程设计者的哲学思想与观念。哲学是一种方法，是基于理性的思考。哲学不单研究世界某一范围、某一领域的问题，还研究整个世界一切事物、现象的共同本质和普遍的规律。合肥市蜀山区通过不断地教育改革、课程创新，打破了千校一面的局面，让有历史、有故事的学校课程焕发出新时代教育特色。

每一个学校都应该提升课程品质，提炼自己的课程哲学。先进的课程哲学理念具有前瞻性、科学性和适切性，同时兼具包容性和开放性。在课程哲学的探索路上，蜀山教育充分尊重每位教师在课程开发执行中的独创性、学生在课程学习中的多元性，走出了一条蜀山教育人自己创建的别具特色的品质课程之路，为广大读者提供了可借鉴、可复制、可推广的理论创新成果和宝贵经验。

本书分为七章，第一章"从已有哲学思想中汲取营养"，以合肥市乐农新村小学教育集团的课程哲学"让快乐插上翅膀，让成长轻舞飞扬"作为开篇，将乐小人近六十年的教育成果进行课程哲学提炼，形成了"知者乐，行于和"为核心的"乐和"文化体系，力求使读者对课程哲学的理念拥有新的理论认知。第二章"从学校课程使命中提炼"讲述了合肥市金湖小学的课程哲学，即"让每一个孩子内心充满阳光"。金湖小学应教育发展孕育而生，"金"意为"金色的阳光"，意蕴"温暖热烈，活力向上"，希望孩子们能在阳光的浸润下灿烂生长。第三章"从学校历史文化中发掘"阐述了合肥市第十七中学的课程哲学——"向美而行，自由生长"。1969年建校的十七中学是一所高中学校，学校以"美"为中心，按照美的规律发展教育，以"美"导行，形成了"大美教育"。第四章"从时代精神中提炼"介绍了合肥市翠庭园小学的课程哲学——"向着那一抹翠色蓬勃生长"。我们知道，在教育世界中，绿色是我们实现生命价值、创造美好生活的生生不息的源泉，为此翠庭园小学提出了"活力教育"，让儿童的天性自由舒展，浸润儿童的心灵。第五章"赋予校名以丰富内涵"介绍了合肥市绿怡小学的课程哲学，即"书写怡悦的人生画卷"。"一山一水都是诗，一草一木皆为情。"在长期的学校教育发展过程中，绿怡小学取自校名中的"怡"字，赋予"怡"字新的内涵，旨在唤醒每一个孩子的内驱力和上进心，让他们拥有自在快乐的"怡教育"。第六章"在集团校内共享理念"讲述了合肥市五十中学东校教育集团的课程哲学——"大爱教育，爱育真人"。自古以来，人类共同的语言有很多很多，如今依然保持不变的就是"爱"。"爱"像阳光一样和煦，像阳光一样无私，像阳光一样温暖着每一个孩子。五十中东校的"大爱教育"凝聚着教育者的初心、教育者的信仰。第七章"由学校核心人物确定"阐述了合肥市习友路小学的课程哲学——"为引领梦想提供力量"。新成立的习友路小学像一个刚睡醒的孩子，欣欣然张开了眼，所见之处、所到之处都是那么新鲜和令人好奇，每一个孩子都在编织自己的梦想、追逐自己的梦想、努力实现自己的梦想。特殊的背景、特殊的地域、特殊的文化，让习友路小学"梦想教育"落地生根，开花结果了。

反思本书所建构的七章课程哲学过程，见证着蜀山区厚实与灵动、科学与人文、坚守与创新的品质课程体系的成长。对于课程与哲学的连接虽有不足之处，但我们坚信不完美就是为了今后更好地蜕变。思想不停止，我们仍会行进在课程建设的路上。

最后，在本书即将出版之际，我们诚挚感谢上海市教育科学研究院品质课程团队的专业指导，感谢合肥市蜀山区教育体育局的潜心投入，感谢参加编写这本书的学校和老师们的付出和努力！

王慧珍

2021 年 5 月 12 日

"品质课程"阅读书目

学校整体课程规划	978-7-5760-0423-6	48.00	2022 年 1 月
推进育人方式变革的区域教学改进研究	978-7-5760-2314-5	56.00	2021 年 12 月
学校整体课程规划的七个关键	978-7-5760-0424-3	62.00	2021 年 3 月
课堂教学的 30 个微技术	978-7-5760-1043-5	52.00	2020 年 12 月
教学诠释学	978-7-5760-0394-9	42.00	2020 年 9 月
原点教学：提升区域育人质量的策略研究	978-7-5760-0212-6	56.00	2020 年 8 月

品质课程聚焦丛书

自组织课程：语文学科课程群新视角	978-7-5760-1796-0	48.00	2021 年 12 月
数学作为学习共同体：一种新的数学课程观	978-7-5760-1746-5	52.00	2021 年 12 月
学科育人的整体课程范式	978-7-5760-2290-2	46.00	2021 年 12 月
聚焦育人质量的学科课程设计	978-7-5760-2288-9	42.00	2021 年 11 月
活跃的学习图景：学校课程深度实施	978-7-5760-2287-2	48.00	2021 年 11 月
学科文化：英语学科课程新视角	978-7-5760-2289-6	48.00	2021 年 12 月
课程联结：学科课程群设计方法	978-7-5760-2285-8	44.00	2021 年 12 月
数学学科课程决策：专业视角	978-7-5760-2286-5	40.00	2021 年 12 月
特色项目课程：体育特色课程的校本建构	978-7-5760-2316-9	36.00	2021 年 12 月
进阶式探究课程设计：学科整合视角	978-7-5760-2315-2	38.00	2021 年 12 月

学校课程发展精品丛书

学科课程群与全经验学习	978-7-5760-0583-7	48.00	2021 年 1 月
育人目标与课程逻辑	978-7-5760-0640-7	52.00	2021 年 2 月
学科课程与深度学习	978-7-5760-0505-9	52.00	2021 年 2 月
学校课程的文化表情：百花园课程的学科指向与深度实施			
	978-7-5760-0677-3	38.00	2021 年 2 月
学校文化与课程变革	978-7-5760-0544-8	62.00	2021 年 2 月
语文天生重要：语文学科课程群设计	978-7-5760-0655-1	44.00	2021 年 2 月
五育并举的课程体系：致良知课程的旨趣与探索			
	978-7-5760-0692-6	48.00	2021 年 1 月

学科课程与育人质量	978-7-5760-0654-4	48.00	2021 年 1 月
在地文化与课程图谱	978-7-5760-0718-3	46.00	2021 年 2 月
中观课程设计与学科课程发展	978-7-5760-0624-7	36.00	2021 年 1 月
大教学：英语学科核心素养培育的课程模式	978-7-5760-0462-5	46.00	2021 年 1 月

特色学校聚焦丛书

儿童是天生的探索者：360° 科学启蒙教育	978-7-5675-9273-5	36.00	2020 年 2 月
做精神灿烂的教师：教师自我成长的 5 个密码	978-7-5760-0367-3	34.00	2020 年 7 月
让教育温暖而芬芳	978-7-5760-0537-0	36.00	2020 年 9 月
快乐教育与内涵生长	978-7-5760-0517-2	46.00	2020 年 12 月
故事教育与儿童发展	978-7-5760-0671-1	39.00	2021 年 1 月
美好教育：学校内涵发展的循证研究	978-7-5760-0866-1	34.00	2021 年 3 月
把美好种进儿童心田	978-7-5760-0535-6	36.00	2021 年 3 月
倾听生命的天籁："天籁教育"的实践与探索	978-7-5760-1433-4	38.00	2021 年 9 月
为了每一个孩子的美好心愿	978-7-5760-1734-2	50.00	2021 年 9 月
向着优秀生长："模范教育"的理念与实践	978-7-5760-1827-1	36.00	2021 年 11 月
让个性自然发荣滋长："引发教育"的理论寻源与实践探索			
	978-7-5760-2600-9	38.00	2022 年 3 月

跨学科课程丛书

大情境课程：主题设计与创意评价	978-7-5760-0210-2	44.00	2020 年 5 月
社会参与素养的培育模型与干预机制	978-7-5760-0211-9	36.00	2020 年 5 月
大概念课程：幼儿园特色主题活动设计	978-7-5760-0656-8	52.00	2020 年 8 月
项目学习：进入学科的课程智慧	978-7-5760-0578-3	38.00	2021 年 4 月
STEAM 课程的设计与实施	978-7-5760-1747-2	52.00	2021 年 10 月
幼儿个性化运动课程	978-7-5760-1825-7	56.00	2021 年 11 月
幼儿园特色课程的框架与实施	978-7-5760-2598-9	48.00	2022 年 3 月

核心素养导向的课堂教学丛书

转识成智的课堂教学：核心素养导向的历史教学			
	978-7-5760-0164-8	40.00	2020 年 5 月

学导式教学：学会学习的教学范式	978-7-5760-0278-2	42.00	2020 年 7 月
高阶思维教学的关键技术	978-7-5760-0526-4	42.00	2021 年 1 月
会呼吸的语文课：有氧语文的旨趣与实践	978-7-5760-1312-2	42.00	2021 年 5 月
高阶思维教学的核心指向	978-7-5760-1518-8	38.00	2021 年 7 月
磁性课堂：劳动技术课就这样上	978-7-5760-1528-7	42.00	2021 年 7 月
核心素养导向的作业设计	978-7-5760-1609-3	40.00	2021 年 8 月
语文，让精神更明亮	978-7-5760-1510-2	42.00	2021 年 9 月
"六会"教学法：基于核心素养的课堂教学	978-7-5760-1522-5	42.00	2021 年 9 月

特色课程建设丛书

教师，生长的课程	978-7-5760-0609-4	34.00	2020 年 12 月
学校课程发展的实践范式	978-7-5760-0717-6	46.00	2020 年 12 月
丰富学习经历：如歌式课程的愿景与深度	978-7-5760-0785-5	42.00	2020 年 12 月
学科课程群设计方法	978-7-5760-0579-0	44.00	2021 年 3 月
学校美育课程的立体建构：菁华园课程的逻辑与框架			
	978-7-5760-0610-0	36.00	2021 年 3 月
关键学习素养与学科课程设计	978-7-5760-1208-8	34.00	2021 年 4 月
学校课程设计：愿景建构与深度实施	978-7-5760-1429-7	52.00	2021 年 4 月
生长性课程：看见儿童生长的力量	978-7-5760-1430-3	52.00	2021 年 4 月
"慧阅读"课程：儿童视角	978-7-5760-1608-6	42.00	2021 年 6 月
诗意栖居的课程愿景：智慧岛课程的逻辑与深度			
	978-7-5760-1431-0	44.00	2021 年 7 月
每一个孩子都是最重要的人：V–I–P 课程的内在意蕴与学科视角			
	978-7-5760-1826-4	54.00	2021 年 8 月
给每一个孩子带得走的能力：井养式课程的旨趣与探索			
	978-7-5760-1813-4	42.00	2021 年 10 月
指向核心素养的课程统整框架：I AM BEST 课程的学科之维			
	978-7-5760-1679-6	48.00	2021 年 11 月